O PRESUMÍVEL CORAÇÃO da AMÉRICA

CB000175

Nélida Piñon

O PRESUMÍVEL CORAÇÃO da AMÉRICA

EDITORA RECORD
RIO DE JANEIRO • SÃO PAULO
2011

CIP-BRASIL. CATALOGAÇÃO-NA-FONTE
SINDICATO NACIONAL DOS EDITORES DE LIVROS, RJ

P725p
Piñon, Nélida
O presumível coração da América / Nélida Piñon. – Rio de Janeiro: Record, 2011.

ISBN 978-85-01-09256-4

1. Piñon, Nélida. – Discursos, ensaios, conferências. 2. Academia Brasileira de Letras. I. Título.

11-1222

CDD: 869.95
CDU: 821.134.3(81)-5

Copyright © by Nélida Piñon, 2002

2ª edição (1ª edição Record)

Capa: Carolina Vaz

Imagem de capa: Jean Lopes/Getty Images

Texto revisado segundo o novo Acordo Ortográfico da Língua Portuguesa.

Direitos exclusivos desta edição reservados pela
EDITORA RECORD LTDA.
Rua Argentina 171 – 20921-380 – Rio de Janeiro, RJ – Tel.: 2585-2000

Impresso no Brasil

ISBN 978-85-01-09256-4

Seja um leitor preferencial Record.
Cadastre-se e receba informações sobre nossos lançamentos e nossas promoções.

EDITORA AFILIADA

Atendimento e venda direta ao leitor:
mdireto@record.com.br ou (21) 2585-2002.

Sumário

Prólogo   7

O presumível coração da América   11
A geografia dos sentimentos   29
O presépio amoroso   47
À mesa do coração   53
Retorno ao centro   59
O filósofo da casa   75
Sou brasileira recente   83
Memória da viagem   109
O novo Senado   121
Territórios vizinhos   133
O sortilégio da História   141
A pátria do verbo   151
Eloquência urbana   161
Registro civil: 1897   169
Estante simbólica   175
O pouso da memória   181

A medida de todas as coisas	189
Saudades de Antônio Callado	199
Nobre viajante	205
Mestre de todos nós	211
Mestre amigo	217
O humanista	221
O terno Jorge Amado	225
A fidalguia das ideias	231
Mulher da pólis	237
O mapa da arte ibero-americana	251

Prólogo

Rendo-me à sugestão de reunir os discursos pronunciados nos últimos anos. Há muito eles me rondavam a casa, pedindo consideração, que não me descuidasse das marcas do meu enredo pessoal, de cada página a que dediquei rigor e a mesma paixão com que fabriquei cada palavra da minha lavra.

Quiseram as circunstâncias que eu subisse à tribuna para pronunciar estes discursos e essas saudações. Quer como membro da Academia Brasileira de Letras, sua presidente no ano do I Centenário, quer discursando por motivo de prêmios e títulos de Doutor Honoris Causa que me foram concedidos. Ocorrências a que estas peças se vinculam e que, ainda hoje, ecoam em mim. E se eventualmente ensejam certo protagonismo, expressam, sobretudo, instâncias públicas, decisões comunitárias.

Ao dar, pois, existência a este livro, submeto-me à aferição alheia e ao primado da memória, que reclama preservação. Relendo-os agora evoco a paulatina adesão ao gênero. A gênese dolorosa e incerta de cada folha escrita, a aprendizagem de um ritmo que o púlpito requeria. O esforço por assimilar a eloquente prática masculina, o discurso que bem pode propiciar, em partes iguais, compromisso estético, cívico e moral. Em meu caso, propiciou-me um desnudamento pessoal.

Com frequência observo a ausência dos escritores de criação das tribunas canônicas. Sua voz, como que se reservando unicamente para o debate informal com um público ansioso por conhecer, da boca do oficiante, os interstícios do mito literário. E ainda o fato de a mulher, de problemática visibilidade no sistema literário, de escassa presença na engrenagem política e social, raramente subir ao púlpito para discursar. Isto é, para formular, a partir desse espaço de poder, de um cenário à vista de todos, com o microfone ao alcance, uma linguagem e um pensamento que sejam minimamente compatíveis com os protocolos e as convenções institucionais.

Por tais estímulos, e outros mais, atrevo-me a liberar estes discursos. Que eles falem de novo, dessa vez, porém, sem o amparo da minha voz e da minha emoção.

Rio de Janeiro, 20 de setembro de 2002
Nélida Piñon

A Universidade de Guadalajara e o Conselho para a Cultura e as Artes do Ministério da Cultura do México decidiram, por unanimidade, no ano de 1995, conceder a Nélida Piñon o prêmio de Literatura Latino-Americana e do Caribe Juan Rulfo, outorgado pela primeira vez a uma mulher e a um autor de língua portuguesa.

O prêmio, anual, diz respeito à literatura de países da região — de línguas francesa, espanhola, inglesa e portuguesa —, aí incluídos Portugal e Espanha.

O corpo de jurados foi constituído por Maria Kodama (Argentina); Raymond L. Williams (Estados Unidos); Abelardo Oquendo (Peru); Jorge Ruffinelli (Uruguai); Julio Ortega (Peru); Amos Segala (Itália); Ciaran Cosgrove (Irlanda); Gérard de Cortanze (França) e Adolfo Castañon (México).

A cerimônia de entrega do prêmio, presidida pelo Dr. Ernesto Zedillo, presidente do México, ocorreu no Gran Salón da Feira Internacional do Livro, realizada em Guadalajara, no México, em 25 de novembro de 1995.

O escritor Carlos Fuentes saudou a escritora premiada[1] com o discurso "Semblanza de Nélida Piñon". Em seguida, a escritora proferiu o discurso "O presumível coração da América".

---

[1]Anteriormente receberam o prêmio: Nicanor Parra (Chile), Juan José Arreola (México), Eliseo Diego (Cuba) e Julio Ramón (Peru).

O presumível coração da América

A memória da mulher encontra-se na Bíblia. Ainda que não tivesse sido ela interlocutora de Deus. Essa memória encontra-se igualmente nos livros que não escreveu. Uma memória que os narradores usurparam enquanto vedavam à mulher o registro poético de sua experiência.

Ao se fazerem eles, porém, dessa memória intérpretes únicos, fatalmente nutriram-se da malha de intrigas, dos diálogos amorosos, das confissões feitas no leito de morte, da preciosa matéria enfim guardada no coração feminino. Em algum lugar dessa mulher, e unicamente ali, alojaram-se para sempre os espinhos das intermináveis peregrinações humanas sobre a terra, sem os quais nenhuma obra de arte teria sido escrita. Portanto, a mulher bem pode proclamar, em nome do legado que cedeu à humanidade, ser ela também a outra cara de Homero, de Shakespeare, de Cervantes.

Guardiã eterna dos sentimentos oriundos dos homens e dos deuses, a mulher conservou no aqueduto de sua singular memória a fulgurante e dramática história universal. Preservou os vestígios de uma memória ancestral que, somada ao seu próprio foco narrativo, a induziram a exercer, no passado, o seu ofício de olheira. A praticar, em meio a tantas afrontas, a rebelião que consistia tão somente em fazer aflorar a cada dia sua memória recalcitrante, preterida sempre pela memória eloquente e arbitrária do homem.

E enquanto os séculos a envelheciam, a mulher zelava por reproduzir os ditames da sua visão particular da realidade. E, quando convocada a esquecer o que sabia, aleitava a memória com mel e pão ázimo. Fortalecia o peito com porções de suas íntimas revelações, para nada lhe faltar no futuro, quando começasse a narrar. Contudo, sem exercer o direito ainda de dar pauta escrita à sua arqueologia, à misericórdia do seu constrangimento social, adestrou-se ela no jogo do mistério e da dissimulação, para melhor enriquecer o arsenal das lembranças. Fazia brotar do plexo os frutos e as serpentes da memória. A cada manhã reproduzia, para si mesma e com intensa volúpia, o que perdurava sob o abrigo do seu soterrado acervo. A história lacrada no interior do seu espírito.

Na aparência, ela atuava em obediência aos acordes dissonantes da memória do seu povo, aos substratos fomentados pela sua grei. Tímida, ia ao encalço das brechas da história. E sempre lhe restava o desconsolo de ironizar uma civilização que, ao longo dos séculos, interpretou a realidade prescindindo da memória e dos sonhos femininos.

Sou uma mulher a quem o meu avô galego emprestou sua memória. Portanto, o meu avô é a minha narrativa.

O PRESUMÍVEL CORAÇÃO DA AMÉRICA

No meu ser sobejam as memórias que não vivi, não apalpei, mas que terei herdado. Minha memória aloja-se onde sempre estiveram o pensamento, a emoção, as paixões humanas. Sou diariamente perseguida pelo espírito da narrativa. Sei que o mundo é narrável e que a arte, em meio ao desespero e à esperança, alcança e interpreta as dimensões humanas.

Tenho gosto em servir à literatura com memória e corpo de mulher. Em mim residem os recursos sigilosos que a mulher engendrou ao longo da história, enquanto integrava o cerimonioso cortejo que a levaria a participar dos mistérios de Elêusis. Dependo, assim, do uso de múltiplas máscaras para iniciar a primeira frase de um romance. Para melhor perseguir as instâncias do meu século e dos séculos pretéritos. Sob a custódia do tempo, sofro cada palavra que fabrico.

Narro porque sou mulher. Narro porque desde os meus primórdios cumpro uma crença proteica. Sob o ardor da vida, sob a epifania das palavras, cabe-me assumir todas as formas humanas. A nenhuma delas dou as costas, tampouco cancelo suas vozes narrativas. Declaro-me filha do império humano. Ressoam em mim as derradeiras badaladas que o carrilhão humano faz repicar no destemido descampado.

É em nome dessas memórias, arcaica, moderna e americana, da memória de outros rincões da terra, na qualidade de brasileira, de herdeira da língua portuguesa, que recebo hoje o Prêmio Juan Rulfo, que tanto me distingue e enternece o meu coração.

Esse galardão me é dado por um país, o México, ao qual devoto amor e admiração, sentimentos que inicialmente me inspiraram seus grandes escritores e artistas. Por um júri brilhante e honrado, cujos nomes, afinando-se às mais respeitáveis biografias intelectuais e morais, avalizam suas decisões. A eles agradeço, comovida, a indicação do meu nome. Esse prêmio me é dado por instituições mexicanas que sonharam com uma América soberana, capaz de produzir e consagrar os escritores que dela falassem sob o crivo tão somente da *arte* intransigente, solidária com o homem, interlocutora das estéticas que há milênios perpassam e torturam a consciência dos artistas.

Devo esse Prêmio Juan Rulfo, notável escritor que tanto admirou o Brasil, a todos a ele associados. Aos amigos brasileiros e estrangeiros, entre os quais destaco Carmen Balcells, aos que me ensinaram o valor da irmandade, acima das diferenças. Ao povo do meu país. À memória do meu pai, Lino. E, em especial, devo esse prêmio à minha mãe, Carmen Piñon, a mais nobre e generosa das amigas.

Sou-lhes profundamente grata. Comprometo-me a servir a esse prêmio com dignidade e alegria. Prometo ainda jamais esquecer esse momento que imprime em mim as marcas da honra e do respeito. Há anos venho dizendo, e com justificado motivo: a literatura nada me deve, eu, sim, devo tudo a ela.

Desde que os portugueses e os espanhóis desembarcaram na América, a palavra escrita, férrea, hesitante e contraditória, marcou sua presença nesse continente. O espírito benfazejo e ambíguo que cerca a palavra de criação perseguiu o voluptuoso coração dos primeiros conquistadores e lhes impôs o inevitável recurso de fabular os secretos ditames de uma realidade inaugural, a pretexto sempre de documentá-la. A proclamação, pois, de que a América, envolta em denso mistério, afinal existia, realiza-se então por meio de sólidos enunciados escritos.

Essa escritura, sujeita a fantasias, equívocos, deslumbramentos, alardeia a visão de uma América que tem em mira uma Europa despojada de recursos, para aceitar, com irrestrita cumplicidade, as aparências ilusórias de um continente longínquo, praticamente inexistente.

Sob o primado da palavra, no entanto, com seu cortejo de metáforas, verdadeiros tapumes da realidade, lentamente se estabelece a tradição de reforçar as excelências e as misérias do continente americano. Um legado que nasce inicialmente de oportunistas e sonhadores. Seres eleitos pela história como os primeiros a chegar àquela terra onde parecia imperar uma realidade que se desfazia em suas mãos inexperientes.

As palavras rolavam como seixos pelo leito do profundo rio americano. Tropeçavam todos ante a América, que, em defesa da cartografia do imaginário, cancelava as linhas dos mapas elaborados com ingenuidade histórica. Um continente que resistia a ser descrito por meio de uma estética filtrada pela intransigência europeia, por alguma caligrafia tímida, empunhada por sentimentos oscilantes.

Contudo, submissos todos a uma experiência pioneira, urgia narrá-la. Urgia traçar volutas no papel, ganhar habilidade, introduzir na narrativa o sentimento da quimera.

Forçar sobretudo as portas dos caprichos da América. Um universo que cobrava uma linguagem revestida de véus, única capaz de poetizar o inapreensível. E de abraçar, com igual fervor, a mentira, a fantasia, as hipérboles, ingredientes que engrossam o caldo da invenção.

Por toda essa vasta terra colhem-se sinais da insistência narrativa. Auscultam-se os ruídos dissonantes e arcaicos da sua gente. De uma história que repudia visceralmente o vazio e o silêncio, materiais impenetráveis e desumanos. Há que preencher a casa da narrativa e nela injetar versões incômodas, labirínticas, mas indispensáveis, que nascem do arbítrio do narrador. A paixão da escrita, em definitivo, inocula o imaginário latino-americano. Obriga essa América a admitir, do outro lado do arame farpado, a presença de um interlocutor estrangeiro, diante do qual o Novo Mundo, ao lhe falar, define o seu papel na história, o que se deve esperar da geologia de seu espírito e de sua poesia.

Nesse nosso continente a sorte da escritura parece selada por força de desígnios emblemáticos, simbólicos, que vão acentuando, através dos séculos, os seus signos de identidade. Por todas as nossas terras emergem textos cuja soberania e cujo poder narrativo consolidam, onde seja, o próprio conceito de América. O que é a América no horizonte das nossas intrigas? O que é a América para o nosso destino de mortais?

Do interior profundo dessas terras nasce a literatura de Juan Rulfo, que dá nome a esse galardão e cuja voz narrativa é imprescindível para se adentrar na natureza secreta desse continente e identificar o eterno dilema que o anima, como fruto da sua condição múltipla, exuberante, questionadora.

O PRESUMÍVEL CORAÇÃO DA AMÉRICA

Aqueles seres de Pedro Páramo que ganharam residência na alma americana graças ao imperecível gênio de Juan Rulfo, que toca essencialmente o coração sagrado do enigma do continente. Em *Pedro Páramo*, ele constrói um decálogo inovador que justifica, para seus desgarrados personagens, o significado de estar no mundo, de caber em seus trágicos limites.

Ao longo do romance palmilham-se as veredas da desmedida humana. Comala, como epicentro de profundas inquietações, é a cidade mítica povoada por heróis destituídos de façanhas. Juan Preciado, herói sem perspectiva, chega afinal à vila fantasmagórica. Dele se aguarda, desde o célebre introito do romance, o relato de uma desventura pessoal, de um destino sem método. Desenrola-se a tragédia tendo como fim desmanchar os efeitos de qualquer utopia ou sonho.

O impulso poético de Rulfo elabora em Comala uma paisagem, uma língua, na qual a morte, de configuração ambivalente e sempre presente, enlaça-se com a vida pulsante, sem nítida distinção entre elas. Uma morte que ganha expressão através de uma dicção feminina que, com familiaridade, emerge das sombras.

Aqui é o feminino que define a cartografia da morte. Uma geografia que há de acolher indistintamente os vivos e os mortos. Nessa antecâmara infernal, constituída de vielas e corredores, a perturbadora presença da mulher estremece os alicerces das casas. Sinaliza os indícios da morte, desenha uma genealogia da qual Juan faz parte e que se estende além da vida. Em Comala, os laços humanos não se desfazem nem depois da morte.

A estranha lógica do livro, construída em meio à sucessão dos que desertaram da vida, ou nela ainda permanecem, sustenta uma ilusão que elabora caprichos, que tudo prevê. Para tanto encaixa, à perfeição, cada detalhe na ordem do conjunto. Nenhum fio narrativo se esgarça nesse surto estético de magnífica provisão, de inspiração virgiliana.

Eneias, acompanhado por Sibila, desce do outro lado da montanha para encontrar o pai, Anquises, mestre da memória. Para ele, o Hades era o recinto propício às lembranças, pois não bebera das águas do rio Letes, que a todos punia com o esquecimento.

Seu análogo, Pedro Páramo, ao expurgar os demais da sua memória, convertera-se em uma imagem, *simulacrum*, projetada nas evocações alheias. Unicamente o ocupava Suzana San Juan, a licenciar-lhe a paixão, oferecendo-lhe a turbulência dos sentidos, o seu inferno. Graças a quem, porém, Pedro qualifica-se a arranques líricos:

"*Pensaba en ti, Suzana. En los lomos verdes.*"

Venho de um país ensolarado, de *terrae incognitae*, a que se atribuía, por imposição lendária, a realidade física do Éden, do paraíso terreal.

O Brasil é a minha morada. Uma geografia real e mítica, que favorece o gosto da aventura narrativa, o exercício do imaginário. Ali habita um povo de etnia caprichosa, de alma resguardada nos grotões. E escritores que, ao abrigo e desamparo dos próprios sonhos, surpreendem em cada esquina o desgovernado traço da paixão humana.

O PRESUMÍVEL CORAÇÃO DA AMÉRICA

Há cinco séculos vivemos perturbadora experiência civilizatória. Nascido historicamente de uma utopia expansionista, em plena vigência renascentista, o país marcou, desde o início, viva oposição temporal à história ao absorver uma prática ora oriunda da Alta Idade Média, ora da Contrarreforma. Uma e outra promovendo uma ruptura com os ideais da Renascença.

Nesse advento, surge a figura inaugural de um jesuíta espanhol, José de Anchieta, o primeiro escritor do Brasil. Escrevia como se existissem brasileiros que lessem, para um Brasil que escassamente existia. Tentava, com seu texto, enternecer e evangelizar velhos antropófagos que ainda guardavam nas cavidades dentárias restos de carne humana. Recolhia, em suas mãos, um mundo recentemente concebido por Deus. Mas, enquanto escrevia, na areia, poemas que as ondas logo apagavam, convertia os gentios ao cristianismo, instaurando sua liturgia no picadeiro da terra recém-descoberta. Em torno, a atração dos portugueses e índios pelo novo aliciava a luxúria e a ganância.

A José de Anchieta exaltava-o, sobremaneira, o território das fundações míticas, regiões providas em si mesmas de recursos capazes de alcançar a aparência do real. Portanto havia que representar os frutos da terra, a geografia exuberante, a presença de Deus com natural sacralidade. Tudo no Brasil denunciava um vazio que a invenção humana e o espírito deveriam preencher. Por onde esse homem andava, a realidade cobrava habilidade descritiva, imediata ocupação novelesca. Os episódios narrativos, como que encadeados, precisavam ganhar expressão teatral. O cotidiano arfava na esfera do enigma. Ali, na América, enlaçavam-se estupor e naturalidade. Era mister, pois, dar função teatral àquela fascinante experiência histórica.

Aquele país, a despeito das florestas espessas, dos rios oceânicos, de um sem-número de tribos, destinava-se a ter sua iniciação estética sob as regras da encenação teatral. Havia que criar um mundo que, aplaudido por Deus, se apropriasse ao mesmo tempo da ilusão como tema de sustentação.

Assim, por meio da representação e do uso da língua tupi — língua geral —, Anchieta impõe ao Brasil a poética do simulacro. Nada existia na vida terrestre e espiritual que o palco, a céu aberto, não pudesse desenhar e reproduzir com igual perfeição. Sob a égide da ilusão, que é a capacidade de aceitar os sentimentos que nos habitam como premissa para a existência da própria obra de arte, Anchieta conta com a imaginação para confirmar esse sentimento original.

Semeia, por onde passa, tablados modestos e cria, com panos soltos ao vento, elementos de simulação do universo. Um teatro que, tendo os índios como atores, aplica nos espetáculos artifícios de precária imitação. Ao recorrer à ilusão, quase de caráter teológico, usa o trovão para emoldurar suas evocações bíblicas. Na crença de existir na ilusão da arte o implícito propósito de criar um mundo que se deve aceitar como possível.

Nesse palco brasileiro exposto às intempéries, ao abrigo das árvores e da esperança, seu teatro ambiciona decifrar a arqueologia humana e formar parte da aspiração coletiva. Alimenta, no arfar do coração do Brasil, o delicado equilíbrio que perdura entre realidade e invenção. Oferece-lhes o desafio de adotarem, em reduzido período de tempo, convenções estéticas e culturais que a civilização cristã engendrou ao largo de sua formação. Deveriam todos absorver, em um átimo, um prodigioso arco cultural que implantasse entre eles um espetáculo contínuo em sua singularidade.

Instaura-se na psique coletiva, ao longo de séculos, o sentimento do milagre, o modelo de uma realidade que pode atuar e expressar-se sob o impulso do acaso. Alastra-se pelo cotidiano desvalido um permanente sentido de representação, que impulsiona a vigência de uma estética capaz de suprir o cotidiano da arte com a fartura do improviso e da imitação.

Dessa forma, desde os primórdios da sensibilidade brasileira, implanta-se na arte a estética da carência e da magia. Uma perturbadora aliança que converte o milagre, ou a sua esperança, em uma variante estética. E que indica os prodígios como facetas restauradoras do imaginário americano.

Mais tarde, o Brasil, desembocando no barroco, faculta a criação de maiores fantasias e devaneios verbais. Alarga a percepção do escritor para aboná-lo com a vizinhança de um Simbad, o marinheiro volátil, o mito da mentira e da abundância. Dessa forma, viajam todos pelos arquipélagos da língua, à escuta do vento que propaga controvérsias, sentimentos inflamados, enredos que entrelaçam o ambíguo e o rarefeito. Aderem aos feitos e às recônditas evasões do homem, para conceder à história rumo inesperado e sagaz.

Da cosmogonia do europeu, do índio, do negro, aflora denso universo de mitos, lendas e narrativas. Um fabulário que se incorpora à paisagem psíquica do escritor, às emoções da língua, à apaixonante aspereza do texto. Desse mar de incertezas e de assombros, dos conflitos do superlativo e do desperdício, afina-se o escritor com as pautas do imaginário. Em especial com a narrativa que se consubstancia em mil histórias, cada qual com mil versões singulares.

É desse país que emerge o gênio de Machado de Assis. Saído da América, ao desamparo das discretas glórias do ofício, elabora sua obra sem jamais haver deixado o Brasil. Tinha o mar, a cidade do Rio de Janeiro e o pessimismo como suas únicas esperanças.

Seus sucessores igualmente recusaram o exílio voluntário para dar forma ao sonho da arte. Atados ao Brasil, lá exerceram o intrincado papel de escritor. Limavam a realidade, engendravam personagens dramaticamente irreconciliáveis entre si, poliam a prata das palavras. O texto, registro dos escombros humanos e da memória esfacelada, realçava vivos e mortos, desvendava o arcabouço de qualquer segredo. Para tratar da sociedade, dar luz a um país que excedia as molduras sociológicas, havia que buscar a salvaguarda da arte, seu círculo de fogo.

Magníficos escritores que se opuseram sempre ao silêncio, às adversidades. Desde os períodos ditatoriais até os escassos instantes de fulgor democrático. Na América, é mister o escritor combinar a arte literária com a apologia da consciência e dos direitos individuais e coletivos. Não se espera do escritor apenas a rubrica fundamental do estético. Dele se requer a contundência da palavra, um feito em si gerador de uma política de resistência, de combate ao mundo das trevas, do obscurantismo, das injustiças do nosso tempo.

O PRESUMÍVEL CORAÇÃO DA AMÉRICA

Sua palavra ígnea, escrita ou falada, alia-se aos atos humanos, proclama o aviso das urgências coletivas. Enquanto enfrenta, em meio à escassez, a dificuldade de concretizar a matéria ficcional que o talento lhe cobra, por sinal sua mais profunda razão de ser.

Por isso empenha-se em jamais guardar para si a história humana. Quer, como um Homero esgotado de tanto sangue derramado, criar mitos que abasteçam a imaginação humana. Anseia por condenar Ulisses, após o cerco de Troia, a retornar a Ítaca. Inveja-lhe a interminável viagem de volta à casa. Uma sucessão de peripécias que o instala, afinal, junto a Penélope, como se dali não havendo saído tivesse ele mesmo escrito a história que terminou de viver, com o único propósito de consolidar o império da ilusão e causar-nos prazer enquanto o estivéssemos lendo.

Entretanto, para tal exercício de sedução, o escritor conta apenas com a palavra que fere e decepciona. Graças à qual, contudo, amplia a fronteira do real, realça os cenários outrora esquecidos. Com a palavra apenas ilumina os desvãos daqueles atos que asseguram o mistério da arte e a perenidade do papel de escritor em meio aos homens.

A legião dos homens, porém, é assimétrica e voluntariosa. Cede porções de sua rebeldia unicamente diante da revelação da arte. Vale, pois, confessar que nós, escritores, pertencemos à falange dos anjos caídos que se esforçam a cada hora por voar. Há séculos, a realidade apara as nossas asas para não sucumbirmos ao apaixonante vórtice da imaginação. Contudo, a insurreição humana só pode ter a arte como destino. O desatino do homem expressa-se e se aloja na criação. Nada deve esvair-se sem o registro literário. Abaixo, pois, as sociedades que se esquecem de classificar a impiedade dos homens. É indispensável que o retrato humano subsista ante o universo de suas incertezas. Fora da utopia da arte não saberia o homem sequer falar da fragilidade dos seus tendões, ou da controvertida modernidade dos seus sonhos.

É da tradição literária aliar-se às produções humanas, avizinhar-se das casas, pôr-se à espreita atrás das portas, auscultar o coração alheio. Nesse ancoradouro que é o coração amontoam-se confidências, desabafos, palavras enfim que carecem da escrita apurada.

A arte das palavras suplica-nos que nos desfaçamos dos recatados sentimentos. Insta-nos, com urgência, a dispô-los sobre a mesa e a cama, à vista de todos. Para que o mistério humano, abstraído da vergonha original, abra-se como flor matinal.

É seguindo, porém, a esteira dos grandes criadores, inveterados cúmplices das lendas universais, que o escritor apura o olfato do seu ofício, tece e recolhe as intrigas. Usa dos ingredientes de comprovação duvidosa, de aparência imperceptível, para com eles apenas, rarefeitos e fugidios, passar a inventar, a criar por força de sua audácia que nasce do ato mesmo de escrever. Oriundo talvez da certeza de estar invadindo o território mítico da própria criação. Não há punição para os que se excedem no campo da arte.

A vida, pois, para o escritor, reproduz-se naturalmente em mil outras. Pródigo exercício de versões incompletas, inválidas, mas sempre apaixonantes. Para tanto pede ele à língua, ao povo desta língua, à paixão deste povo, licença para recomeçar a criar. A esperança é também uma técnica narrativa; ela, sozinha, ata os nós soltos das questões humanas.

Cada manhã é o começo da ingente tarefa de reproduzir a galeria de rostos que se dissolvem no crepúsculo sem deixar lastros. Imerso, no entanto, no pântano das hipóteses sociais, o escritor reforça-se como intérprete dos regimes povoados de carências. Torna-se um historiador que narra a história do impossível. Alguém que enlaça inicialmente os laços invisíveis e esboçados com tinta solvente. E para compensar a fragilidade da matéria com a qual lida — homem, aventura, tempo — ergue uma narrativa capaz de aglutinar em suas páginas extensa genealogia, ora arcaica, ora moderna.

Sob o desconforto da paixão de inventar, o escritor, transido de frio e de medo, traslada tempos, espaços, tribos inteiras para a pátria de sua imaginação. Senhor de um arbítrio imposto pela sua encorpada dicção poética, que se mesclou sempre às imortais lamúrias de um coro grego.

Tangido pela tragédia, ele documenta a farsa e o drama com seu sopro restaurador. Salpica a vida com indícios contundentes e submete a palavra aos feitos humanos. A moral histórica, para o escritor, com sua escala móvel, com sua rígida hierarquia, serve como falsa moldura. Uma moldura que o ficcionista alarga para comprovar que cada personagem é rei em sua história. Rei e vilão, com andrajos e coroa, em uma única pessoa. Acomodados todos à paisagem que tonifica sua narrativa, ao esforço artístico que lhes ensina a paciência.

É sua consciência de narrador a conclamar que o enredo lhe pertence, enquanto o enigma da criação e seu funesto hino devoram-lhe o sono, as juntas, fustigam-no com o envelhecimento precoce.

Esse é o preço a pagar pela inexcedível liberdade de criar. Afinal, o homem, seu imutável personagem, chega-lhe às tripas com sangrenta e ruidosa paixão, e há que servi-lo para sempre.

Discurso pronunciado quando da entrega do Prêmio Ibero-americano de Narrativa Jorge Isaacs, instituído pela Proartes, da Colômbia. Um prêmio que, em anos anteriores, foi atribuído aos escritores Juan Goytisolo e Mario Vargas Llosa e contou com um corpo de jurados formado pelo ex-presidente da Colômbia, o escritor Belisario Betancourt, por Amparo Sinisterra de Carvajal, presidente da Proartes, e pelos intelectuais Rafael Humberto Moreno-Durán, Juan Gustavo Cabo Borda, Ignacio Chávez e Willam Ospina.

A cerimônia da entrega do prêmio realizou-se em Cáli, na Colômbia, em 12 de setembro de 2001, sob a presidência do governador do estado e da ministra da Cultura da Colômbia.

A geografia dos sentimentos

Sou uma simples mortal na defesa de melhores dias. Esses dias que me trazem até a vossa presença e que arregimento, comovida, no calendário da minha história pessoal. São dias que cabem inteiros na palma da mão e ajudam-me a construir, a cada manhã, um insubmisso coração.
   Atravesso o rio da existência deixando que as águas me levem, enquanto dou braçadas em direção ao norte dos meus sonhos. Sonhar foi sempre a clave da minha condição humana. Sem o devaneio — essa arte de inventar o impossível —, invalido meu destino na terra. Cancelo Deus e os meus semelhantes. Envelheço sem jamais ter sido jovem.
   Não sei onde o sonho se aloja. Suspeito que sonhar é transferir crenças para o futuro. Acolchoar o cotidiano com audácia, veemência e denodo. Estender a mirada para a imaginação, que perpassa o passado e o porvir ao mesmo tempo. É familiarizar-se com horizontes amplos e devaneios fundacionais.

Pois, se não fora assim, como antever a grandeza e seu misterioso sistema de acertos e desconcertos? Restaurar o fervor do indivíduo, nomear o homem epicentro de todas as ações, assinalar sua apaixonada presença na terra?

Sou uma escritora brasileira. Escrever é uma paixão renovada, de que raramente me descuidei. O que, aliás, seria de mim sem essa esperança, sem o opulento gosto de amar e comer, sem as marcas andarilhas dessa intensa e desavergonhada humanidade?

Inventar, para mim, é uma saga antiga. Terei narrado antes mesmo de escrever. Uma história cujas peripécias ia engrossando com farinha e fantasia. Escandir as palavras desde cedo pareceu-me um milagre. Um alerta para o corpo desprevenido. Engendrar palavras garantia a representação cênica, a durabilidade amorosa, as versões antagônicas do mundo. Viver era simplesmente erotizar o verbo, fazê-lo carne e afeto áspero.

Não saberia inventariar o passado, apontar razões de um cotidiano parte agora da minha mitologia pessoal. As aspirações humanas se confundem afinal entre tantos escombros. Recordo, no entanto, menina ainda, haver proclamado à família a vocação literária, sem saber de que abrigo sairia mais tarde esta outra escritora, ora presente, que ambicionava abarcar seres e enigmas.

E que, logo reconhecendo o trato difícil com as coisas, esforçou-se em ir além da barreira do visível. Em defesa de um estado de vigília que consolidasse as manhas e as seduções do ofício de escrever.

Como Parsifal, que se abrasava na crença do Graal, intitulo-me filha da imaginação. Pressinto suas convulsões

O PRESUMÍVEL CORAÇÃO DA AMÉRICA

e sua riqueza. O tecido faustoso com que se fazem suas fibras. Um universo em si mesmo, a imaginação destila frutas, produtos secretos, as sementes imperativas do ser humano. E, não bastando, erige cidades, antecipa-se às previsões do futuro, intensifica as dimensões do real.

Dessa arqueologia da imaginação tiro bom proveito. Cedo-lhe bens, espaços, para os metabolizar. Consinto que a imaginação desenfreada vocifere, explore, desorganize o mundo. Implante a desídia, o caos, a cizânia, a pretexto de servir às carências humanas.

Anos atrás, em diário que converti em livro, registrei que meu avô era a minha narrativa. Com essa frase querendo explicitar que ele e outros membros da família, ao tomar a decisão de atravessar o Atlântico e de chegar à América, sugeriram-me o gosto da aventura, deram-me o Brasil como berço.

Um país que não sei descrever senão com as tintas do amor. Terra conformada pelo confronto de fantasias europeias com aquelas que foram se forjando na nova geografia. De forma que, por meio desse atrito civilizatório, marcado por uma sucessão de imprevistos, imprudências e desavisos, adviessem sentimentos e postulados inerentes ao modo de ser dos que se lançaram, ao longo dos séculos, à construção de uma Nação.

Origino-me de uma grei familiar que me inspirou a invenção ficcional de um país chamado Brasil. A fazer dele linguagem, afeto, razão de vida. Um território que me fala, murmura, mesmo quando a voz brasileira se ausenta da minha vista.

Nutro profunda nostalgia pelo Brasil. E, desde a infância, quando mal sabia da geografia dos homens, que cada rincão, segundo estranha noção de pátria, levava um nome. Um nome no mapa, um nome na alma de cada habitante.

Eis-me aqui herdeira de séculos de perturbadora experiência civilizatória. A cada amanhecer, questiono o meu hábitat estético, experimento na carne o heroísmo, as marcas do mal, a paixão, a ilusão, as intrigas, intensa matéria albergada no coração alheio, que forço por conhecer. Em busca de agentes que aliciem a imaginação criadora e devolvam-me os signos profundos, os instantes constitutivos que forjaram o meu país.

Nessa condição, intuo que a obra romanesca surja da poética da existência e da aventura pessoal. Da certeza de que a trajetória biográfica do escritor confunde-se com o seu percurso literário. Origina-se da cobiça de memorizar a vida que se refugia nas incertezas da sua ficção. Nasce da necessidade de procurar o real que aflora de uma peregrinação originária, no início, do impulso da tribo que, ainda hoje, a meio caminho da modernidade, submete-se a imposição e fabulação coletivas. Um real para o qual convergem a índole cósmica do homem, a visão poética do universo, o chão mítico e religioso onde o homem sonha fundir-se com o seu ideal.

Há muito esforço-me por acumular legados provenientes de todas as fontes. Leio nas paredes das covas de Altamira e de Lascaux a minha história privada. Os esboços alaranjados, que bailam nas sombras, levam-me, às vezes, às lágrimas. Tenho como consolo acreditar nos instantes inaugurais da consciência e da arte. Na exuberância do relato que dá combate aos vácuos narrativos em troca da simples história que emana do enfrentamento social, da transgressão às leis da mortalidade. Da ânsia profunda de contrariar a ordem que proclama ser a vida fugaz, obsoleta. Não passando tudo do resumo de uma quimera.

Teimo, contudo, em ficar no quintal, perto da mangueira, simplesmente observando o arfar do cotidiano. Para tanto, insisto em defender a liberdade da ética e o sopro renovador da estética. Aposto na narrativa que defina e envolva as criaturas, elegendo-as como templo. Quem sabe, no transcurso desse dever narrativo, a voracidade dos homens, a fome, a carência não se esmaeçam da minha vista. Na verdade, a esse respeito nada tenho a dizer que os meus livros não tenham antecipado. Ou insinuar o que eles não procuraram esclarecer.

Assim, ao singrar o caminho da criação, rejeitei os resumos, enredos de duração rápida, nos quais mal cabe a vida do vizinho. Como mutilar a história, se a vida em torno é farta e abundante? E depois não se pode medir o mundo com economia. Mas sim acrescentar à narrativa um aluvião de maravilhas, lendas, versões contraditórias, ambiguidades. Um esforço a partir do qual escrever constitui uma caça às lendas, aos enigmas, o auscultar dos segredos, uma visita ao sôfrego peito humano. A arte, enfim, de tecer os fios da ilusão com os quais erigir uma história.

A obra literária é uma notável invenção. Graças à sua atuação, instauram-se na psique cultural a épica do verbo, as dobradiças da língua, as obscuridades, o jogo do claro-escuro, a memória ancestral. Um exercício criativo que, no entanto, não resulta meramente do acaso. Mas, antes, da habilidade do gênero de adentrar-se pela engrenagem social, pela memória antropológica. No afã de confirmar que a narrativa, ditada pelo brado da grei humana, exige rastros, credenciamento das intrigas, captação dos recursos da paixão e dos corpos habitados por anjos e cascavéis. E tudo para registrar a ascensão civilizatória.

A literatura de invenção, que se alimenta de biografias e memórias, espelha o saber do mundo. Fundamenta-se substantivamente na lógica simbólica que filtra inquietações, realidades, postulados afins com a poesia, com o mágico, com o produto de fina apreensão.

Em seu transcurso soberano e sábio, o mundo romanesco traz a trama à cena, injeta-lhe dramaticidade. E, para esquivar-se do veto comunitário, do repúdio ao seu voo criador, faz da tribo parte do teatro narrativo.

Semelhante caráter estético enseja que o romance ultrapasse o enredo superficial e revele, em seu bojo, a existência de uma natureza profunda subjacente, raramente detectada à primeira abordagem. Vinda, ao longo dos tempos, de culturas arcaicas, de sobras tribais, de ilusões vencidas.

Essa espécie de rito de passagem, que facilita o trânsito por diversas camadas do conhecimento e da experiência, acorrenta à narrativa um conjunto de valores de difícil aferição. Como se no fulcro novelesco subsistissem pegadas que asseguram à obra vínculos com tradições poéticas, aparentemente distantes de nossa sensibilidade. Um resgate permanente de rituais primevos que, por meio da intuição mágica do criador, ressurgem com traços de modernidade.

O PRESUMÍVEL CORAÇÃO DA AMÉRICA

E que permite, como consequência, que amplo fabulário se incorpore, sem custo adicional, ao cotidiano da arte. Um enlace histórico que dá margem ao escritor para misturar a matéria do passado com a contundência do presente.

Resigno-me, apaixonada, ao caráter disperso e arcaico do romance. Ao fluir de uma cosmogonia primitiva que congrega vivos e mortos, ata séculos. Apreende, sob a visão anímica contemporânea, a interminável cadeia de complexidades humanas. E cria, no texto ainda, vertentes simultâneas, enseja a criação de elementos indispensáveis à história dos povos. Uma complementação que só a obra de arte está autorizada a oferecer, a desvendar.

Senhoras e Senhores,

Venho de longe, do litoral brasileiro. E, apesar das léguas vencidas para chegar a Cáli, somos vizinhos. Bato-vos à porta e peço emprestados os ovos com que preparar o repasto da alegria.

As fronteiras continentais que nos algemam não nos ofendem. Ao contrário, dão passagem aos rituais da vida que nos enlaçam. Temos em comum, entre tantos predicados, a forma similar de forjar a astúcia como um sistema de defesa político que nos ensina a elidir o cotidiano cruel.

Sob o teto desse continente, de telhas e palmeiras, intitulado pátria, lar, desterro, nós vicejamos, florescemos. Em uníssono, desencadeamos o tormento e a esperança de integrarmo-nos a essa América Latina, corpo místico de uma grande nação.

Olhamo-nos uns aos outros, e nem sempre sabemos quem somos. Sobre nós paira o estigma da invisibilidade, da solidão, diante de nós próprios e daqueles países que regem as pautas do planeta.

O cristal da nossa história, frequentemente embaçado, reflete uma América diversificada e ancestral, cujos ecos civilizatórios irradiam ruídos oriundos de denso enigma, de visão cósmica.

Sobre a mesa, entre tantas iguarias, a linguagem dos nossos povos designa nomes, emoções ignotas. Preside a nossa identidade, esforça-se por valorizar a geografia dos sentimentos.

Nossas realidades, contudo, carecem de generosidade. Não sabem dar formas condizentes ao projeto que nos habita e nos frustra, e que for concebido antes mesmo de essa América designar os conteúdos culturais de sua configuração.

Diante do vasto conjunto latino-americano, sucumbo à febre do imaginário, que fabrica ilusões e arte. Sua força motriz circunscreve-nos a uma substância que utiliza a arte como forma de interpretar o universo, de ler os sentimentos humanos.

Uma arte que, havendo se beneficiado de tantas instâncias culturais, originárias de tantas latitudes, esbanja hoje marcas intensas de singularidade. Aprendeu, ao longo da nossa formação, a metamorfosear o ígneo em matéria civilizatória, com a qual, aliás, enxergamos o mundo como se fizéramos parte da sua inauguração.

Na condição de latino-americanos, somos nômades, funâmbulos, poetas. Transeuntes de uma arqueologia alimentada de gêneses e culturas variadas. Máscaras complexas e amorosas compostas de melancolia, tristeza, alegria, dissimulação. Imersos no turbilhão da nossa amplitude, conceituamos coisas, seres, perspectivas inovadoras. Categorias associadas ao fervor intrépido desse continente que, diante da sua miséria e do seu delírio criador simultâneos, fragmenta-se em arte, faz repercutir o poder do seu temperamento cultural.

Uma humanidade que arrasta no rosto, nas invenções linguísticas, nas emoções desabridas, as marcas das fusões culturais aqui perpetradas. E que, a despeito de sua rara singularidade, submete-se, desde a colonização, a exegeses simplistas, assacadas contra o continente. Desperdiça, com frívola desenvoltura, as suas bases culturais, despreza o legado da língua, para adotar em troca estrangeirismos na alma e no coloquial. Em um abraço mortal, tropeça nas expressões estrangeiras, reduzindo paulatinamente sua autoestima.

Nessa marcha crescente de submissão, em nome apenas da modernidade, o falso e o verdadeiro, entrelaçados, naturalmente nos confundem. A abundância, ideal outrora apregoado pelo inca Garcilaso, e a pobreza continental, sempre crescente, se entreolham, se estranham, geram ressentimento, atraso cultural. Mas como reverter esse quadro humilhante em meio a uma desconsolada assimetria social, a contrastes educacionais doloridos, a cantos destoantes de dor e de resignação?

Nossa descrença opera em conjunto. Agimos como se, diante de estéticas importadas e massificadas, passáramos a desconfiar da eficácia da nossa arte, estivesse ela aquém da história, incapaz de traduzir realidades tão antagônicas. Como se não fora essa exuberante criação poética do real a única expressão a apontar-nos as desavenças, os rumos, os fracassos, as quimeras, as intimidades do nosso ser. De fazer ressoar a rara singularidade desse continente.

Sou escritora dessa vulnerável, mas altiva América. Cidadã, portanto, da miséria e da esperança. Na condição de escriba, vinculo-me aos destinos narrativos que retratam a trajetória humana. Por onde ando, localizo a arte ao alcance dos mortais. Uma arte que cobra adesões, avaliações estéticas. Uma estética que semeia a discórdia entre os homens, mas que, ao mesmo tempo, é libertadora, desgraça e maravilha da civilização.

Nessas terras nossas, o romance logrou infiltrar-se em todas as áreas do existir. Ao ganhar papel relevante, assumiu a tradição de observar a realidade por um prisma romanesco. E enquanto no passado certos historiadores tendessem a adotar o processo de harmonizar os fatos reais para torná-los plausíveis, a literatura movimentou-se em sentido contrário.

Vizinha do real, não aceitou neutralizar o drama humano, harmonizar os ingredientes sociais, estéticos e sentimentais. Tanto que, liberta do fardo do realismo, recusou-se a reduzir seu desempenho no imaginário popular. E, por seu caráter intrínseco, conviveu fundamentalmente com a contrafação, o desacerto, a angulação, o *trompe l'oeil* do real.

Por conseguinte, a realidade da ficção liberta-se das amarras sociais para melhor viver a fabulação. Adquire a soberania que lhe permite ocasionalmente enveredar pe-

O PRESUMÍVEL CORAÇÃO DA AMÉRICA

los quadros sociais institucionalizados, guardando porém irrestrita desobediência às normas.

Sob o amparo de célere popularidade, o gênero adquire autonomia estética. Mergulha e explora os desvãos da ambiguidade, que mantém distância da dimensão da verdade e da mentira. Uma margem de fantasia que desconsidera simetrias cronológicas e exigências falsamente realistas. E compromete-se com os personagens que, no curso narrativo, reforçam os alicerces da vida, tornam-se arquétipos de imediata identificação.

A matéria da arte latino-americana, transmissora de uma história que há muito vimos contando, é coral e multiplicadora. Mediante emoções diárias, fala com o pensamento, rastreia o mistério da gênese continental, feita da imaginação dos povos aqui engendrados.

Contudo, para encontrar o fulcro narrativo da invenção, um centro que resguarda o sagrado e o profano, é mister empreender interminável viagem coletiva. E, com fôlego de epopeia e ritmo suntuoso, abordar a fatalidade e a epifania da condição latino-americana.

De que outra forma, aliás, bater à porta dessa psique coletiva senão avançando pelos veios auríferos de uma arqueologia que estocou vestígios ancestrais de modo a formar o temperamento de um lobo que ignora as dobras cruéis e movediças da sua própria índole?

Uma prospecção assim deriva do empenho em sabermos quem somos, quando começamos a ser colombianos, brasileiros, latino-americanos. O que éramos, antes de assumirmos em público os sestros da identidade, os traços comuns a todos.

Nesse percurso da imaginação, lançamo-nos aos mitos presentes no imaginário desse continente. Convencidos de que os mitos, por sua função, pelo vínculo com os inventos, transladam-se, desrespeitam normas geográficas.

Ao encalço desses mitos, abusados e móveis, lá vamos nós. Rastreamos suas variantes, ansiosos por cravá-los na cabeça como uma coroa de espinhos, ou uma auréola cuja luminosidade nos distingue. E não é verdade que outrora eles estiveram na Grécia arcaica, dali disseminando-se por todas as partes, até se instalarem entre nós, em nossas cabanas, nossos palácios, nossas ruas, nossas campinas, comendo do feijão brasileiro, da batata colombiana, das delícias desse continente, cadinho de tantas culturas?

O leque mitológico que se abre à nossa frente deixa-nos entrever um repertório ainda inexplorado, constituído certamente de pautas essenciais à identidade latino-americana. Enquanto respiro, suspiro, engolfo com naturalidade o engenho da nossa conturbada e libertária fantasia. Acerco-me de um saber que, por trás da invenção, instaura as normas da arte. Implanta, consequentemente, o longo projeto literário que, permeado por impulsos estéticos, revolucionários, inconformistas, registra as claves da nossa humanidade.

Senhoras e Senhores,

Bem sabemos que o romance, na América Latina, teve uma trajetória incomum. Desde o início da colonização, temeu-se a propagação das suas ideias, da sua imaginação daninha, previamente condenada.

O PRESUMÍVEL CORAÇÃO DA AMÉRICA

A própria Inquisição, à época, no seu papel tutelar, temia que as histórias concebidas por autores locais, com lastros transgressores, inspirassem atitudes insubmissas em relação à Coroa.

Tal temor determinando que, durante três séculos, se proibisse, em especial na América espanhola, qualquer leitura do gênero novelesco. Uma proibição burlada em parte pela eficácia do contrabando, de modo a permitir que os primeiros exemplares do *don Quijote* chegassem ao continente ocultos em um tonel de vinho. Uma vizinhança que acrescentou às peripécias do *ingenioso hidalgo de la Mancha* sabor especial.

Como resultado de tal interdição, o gênero infiltrou-se em todas as áreas da existência. E, havendo conquistado papel tão relevante, assumiu desempenho histórico. Gerou a tradição de observar-se a realidade por um prisma novelesco.

Esses feitos nos induzem a enfatizar o papel difuso e multiplicador da literatura nesse continente, onde a liberdade do saber, por haver sido suprimida, ensejou que grandes autores, em seu labor literário, assumissem inesperado protagonismo. O sestro, inconsciente talvez, de explorar, enquanto narra, um veio empenhado em aclarar, ao leitor alheio à esfera geográfica e linguística do autor, aspectos elucidativos do caráter latino-americano.

É possível detectar, sobretudo nos romances de índole totalizante, que a pretexto de falar de uma aldeia, de abarcar uma Nação, a preocupação do autor é dirigir-se a um horizonte longínquo, a um leitor fora das suas fronteiras.

Nota-se, assim, em meio às páginas, a perspectiva do narrador que, conquanto ausente da mitologia romanesca, fornece subsídios explanatórios. Em tom apologético e metafórico, na ânsia de definir-se, vai agregando à superfície do texto camadas dirigidas à mirada estrangeira.

Além de esse autor atender à condução do enredo, sua criação maior, sem revelar a natureza do seu discurso, ele cumpre o misterioso desígnio de fazer repercutir feitos e mitos de forma exacerbada. Como se levasse em conta um interlocutor sem nome, ausente, jamais mencionado. Um Outro não identificado, alheio à sua imaginação, pouco afeito à realidade tratada no romance.

Um timbre exegético, graças ao qual o leitor apropria-se das peculiaridades, das idiossincrasias, das entranhas latino-americanas, e passa a participar de um mundo oposto ao seu, do entendimento de um povo, sujeito da história que está lendo.

A partir do interior desse texto, do esforço de familiarizar esse leitor com a realidade descrita no romance, o autor torna-se um arauto que, em tom quase profético, anuncia os resíduos, os contornos, a essência de uma identidade periférica, mas intensamente valiosa. Sempre sob o impulso de estar contando, desde o interior do seu romance, embutido nele, a outra história, a outra cara desse continente.

Somos, sem dúvida, filhos de utopias fracassadas. Somos, igualmente, construtores de novas utopias. Graças à utopia que aquece o nosso cotidiano, sentimo-nos capazes de aperfeiçoar as leis do convívio, de afugentar a barbárie, a intransigência, a impiedade. Capazes, sim, de sermos livres e magnânimos para erguer as paredes do próprio lar, para amar os de sangue e os forasteiros. Para forjar, juntos, um porvir em que aprenderemos a repartir entre todos as benesses da colheita, como se fôramos, de verdade, eleitos de Deus.

Prezados Amigos,

Sou grata pela honra que me é hoje conferida. O Prêmio Ibero-americano de Narrativa Jorge Isaacs, que premiou anteriormente narradores de admirável estatura, como Juan Goytisolo e Mario Vargas Llosa, chega agora ao meu coração. Sei bem o significado dessa distinção que ora me está sendo conferida. O exercício da arte narrativa deveria, nos seus pressupostos, incluir noções de fidalguia, de gratidão, de apreço pela generosidade alheia. Por força de tal princípio, e em obediência a essas regras civilizatórias, aqui estou eu agradecendo essa grande honra.

Jorge Isaacs, hoje redivivo entre nós, tem sua memória literária reverenciada à leitura de sua obra. Seus livros, *Maria*, sobretudo, ecoam na alma desse continente, proclamando que nos debrucemos sobre sua criação, que retrata de forma duradoura as aspirações da língua espanhola na América e o talento latino-americano.

Esse prêmio, que leva o nome do grande narrador colombiano, chega-me por meio da decisão de notáveis jurados. Em conjunto, decidiram eles eleger esta escritora brasileira. Agradeço-lhes emocionada essa designação. Assim como à Proartes, que, ao instituir esse importante prêmio colombiano, homenageia os escritores, seres tocados por acendrado humanismo. Sou-lhes grata.

Como grata sou igualmente às minhas circunstâncias históricas. Afinal, nasci no país que quis, no continente latino-americano, que fala à minha imaginação. Em um tempo que me permite viajar por épocas pretéritas. No coração da língua lusa, que amo com exaltação.

Tive e tenho também a família que me honra. Tenho os amigos que me alargam a alma, os amores que me fomentaram emoções e sentimentos. Tenho fome de justiça social, de justiça privada, de justiça interior. E tenho, sobretudo, a literatura como destino.

Em 2002, a escritora Nélida Piñon recebeu o Prêmio Rosália de Castro, outorgado bianualmente pelo Pen Clube de Galícia a escritores de língua portuguesa e castelhana pelo conjunto da obra, tendo o prêmio em castelhano sido concedido ao escritor argentino Ernesto Sábato.

A cerimônia de entrega do prêmio foi no reitorado da Universidade de Santiago de Compostela, em maio de 2002, quando o reitor da referida universidade, Dr. Darío Villanueva, representou a escritora. O corpo de jurados foi formado pelos seguintes escritores e artistas: Luis Tosar, Helena Villar Janeiro, Marilar Aleixandre, Xesús Alonso Montero, Alfredo Conde, Bieito Iglesias e Xesús Rábade Paredes.

O presépio amoroso

Levada pelas trilhas da emoção, evoco a Galícia. Mergulho na memória e trago de volta esse mundo que ainda hoje me faz feliz.

Graças à prodigalidade dos meus pais, Carmen e Lino, cheguei à Galícia aos 10 anos. Uma estância que me permitiu identificar os sentimentos galegos, ingressar pelos mistérios da pátria da família, pisar o chão da minha gênese. E subir sozinha ao Pé da Múa, o mítico monte de Cotobade, onde passava as tardes, conhecendo o gosto da liberdade.

Nessas idas ao monte, entregue à própria sorte, dando de comer às vacas galegas, aprendi a desfrutar da solidão, a ouvir o impiedoso ruído do vento norte, os lamentos de algum lobo extraviado da matilha. Sobretudo, a inventar histórias e a prolongar as que acabavam de me contar.

Aos domingos, ao lado da avó galega, assimilei as regras do convívio, o conceito da abundância à mesa, que preside o orgulho galego. Sua imperiosa necessidade de provar que se esquivara da pobreza e repartia agora suas benesses com os que vinham à casa. E que fora, igualmente, capaz de lavrar o campo e de trabalhar a palavra poética do seu idioma, a despeito das interdições seculares que tolheram seu país.

Nos dias de festa, no átrio da igreja, após a missa, deleitava-me com as rosquilhas de Rivadávia. Em meio aos olhares furtivos e sobressaltos amorosos que banhavam o precoce coração, ia dançando a *jota*, a *muñeira*. Meu entusiasmo equivalia ao do deus Pã, ansioso por seduzir a humanidade.

Designada a *quitar puntos*, isto é, a improvisar movimentos coreográficos que seriam, sob a minha orientação, copiados pelo grupo, exaltei-me com uma tarefa que correspondia, ao menos para mim, a um dever quase cívico. Na imaginação, dispunha-me a salvar uma cultura ameaçada.

No mês de novembro, às vésperas da festa de São Martin, enquanto minha mãe, Carmen, ressentia-se do rigoroso frio, eu acompanhava de perto a matança do porco louro, quase mitológico, prestes a ser cruelmente abatido. E, com a simples cena, que sacrificava a minha sensibilidade, compreendi, de súbito, o significado da dramática economia galega, cuja regra essencial combatia a escassez, o desperdício, e preservava os alimentos, oriundos de um solo difícil, com a mesma cautela com que protegia a dignidade do lar.

Nas verbenas do verão daquele ano, cantei e recitei os poemas de Rosalía de Castro. Suas palavras, pungentes, soavam em nós tão íntimas, como de lavra própria, que não fazia falta mencionar o nome da poeta, para render homenagens a um verbo que já constituía, à época, a salvaguarda da identidade galega.

O PRESUMÍVEL CORAÇÃO DA AMÉRICA

E agíamos todos dessa forma, como quem se agarra a uma coisa sua. A um legado que nos chega naturalmente, junto à comida do lar, ao afeto da família, ao bilhete do pai no qual registrou ele sua última vontade, às veigas herdadas, ao retrato de quem já partiu, ao objeto pertencente ao avô que, ao imigrar para a América, cessara de enviar notícias. Como quem, sim, ao apropriar-se de uma matéria que diz tudo o que se diria caso se pudesse falar de forma poética, passa a possuí-la para sempre. Uma arte então que, a serviço do coletivo, lograva encenar poeticamente o que residia na imaginação de cada habitante da Galícia.

Ao recitar, porém, as sentenças agônicas, sábias, líricas de Rosalía de Castro, esqueciam-se todos de perguntar de onde procedera a porção mágica e genial de uma poesia que, cúmplice de cada galego, arrancava suas lágrimas, golpeava-lhes o coração. E que, ao usar os recursos profundos da pátria galega, dava vazão a uma voz ancestral que rastreara os sentimentos da sua grei. Dava forma tangível às emoções que correspondiam à dor e à alegria de marinheiros, de transeuntes, de camponeses, de sonhadores, a quem consolou ela com seus poemas.

Solitária em seu século, senhora de uma humanidade fragmentada em mil obras de arte, Rosalía de Castro antecipou-se às agruras do seu tempo. Interpretou como ninguém a melancolia, a *morriña* daquele galego que a vida fez apátrida. Criou uma poesia, verdadeiro testamento estético e moral, mediante a qual o galego, pedindo-lhe as palavras emprestadas, definia, e define ainda, sua Galícia.

Passados agora tantos anos, recordo a menina que cantava, emocionada, a essa Rosalía. E que, ao tornar-se ela mesma ficcionista, retorna à terra a quem deve, além de maravilhas, a própria gênese, para ganhar um prêmio que leva o augusto nome da poeta. E tudo ocorrendo como se ela, de volta ao passado, entoasse de novo, com o timbre desafinado de sempre, as canções, os poemas de Rosalía, no átrio de uma aldeia de Cotobade. E que tal lembrança, tão benfazeja, outra vez a nutre com o mel das memórias amorosas.

Prezados Amigos,

Agradeço, comovida e honrada, o Prêmio Rosalía de Castro, destinado à língua portuguesa, que hoje me concede o Pen Clube de Galícia, por meio de um júri constituído de ilustres escritores e artistas que são orgulho dessa terra. Guardo seus nomes cinzelados no meu ser. Graças a tantos, sou trazida a essa terra e envolvo cada amigo galego.

Ofereço esse precioso galardão à língua portuguesa, às recordações de menina, aos ancestrais que cruzaram o Atlântico em direção ao Brasil, ofertando-me uma pátria, sem jamais se esquecer de me ensinar a amar a Galícia.

Até breve, até sempre.

Discurso em agradecimento pelo Prêmio Pen Clube, recebido pelo romance A REPÚBLICA DOS SONHOS, indicado por eleição coletiva o melhor romance do ano de 1985.

Pronunciado em dezembro do mesmo ano, em sessão solene no Rio de Janeiro.

À mesa do coração

Há muito aprendi que a exposição pública de certos sentimentos, longe de desgastá-los, termina por impregnar o convívio humano de uma calidez amiga e benfazeja. Portanto, não me esquivarei de lhes confessar, justo neste momento, que esse Prêmio do Pen Clube muito me reconforta.

De fato, ele chega à mesa do meu coração, como se me trouxesse à boca uma sopa quente. Uma sopa, porém, de natureza tão solidária que basta engrossá-la com água e legumes recém-colhidos na horta para logo ser repartida entre todos aqui presentes, que formam, comigo, uma legião de necessitados. Benditos necessitados, aliás, de afeto e de prova de apreço.

Agradeço, pois, comovida, os companheiros de ofício que, ao me indicarem merecedora dessa outorga, julgaram oportuno unir seus sonhos àqueles que certamente povoam o território da minha *República dos sonhos*

Estou convencida, no entanto, de que os prêmios literários, uma vez conquistados, devem ser de imediato repartidos com todos os nossos vizinhos, usuários, como nós, de uma fonte de inspiração certamente instalada em terreno baldio, sem dono. O que nos facilita agora a afirmação de que os romances como os nossos têm, sem sombra de dúvida, origem espúria, anônima, e, por cima, uma arqueologia duvidosa.

Dessa forma, apraz-me relembrar, neste instante, os primeiros velhos brasileiros e galegos que conheci na minha infância. Seres quase todos portadores de vozes arranhadas pelo fumo e pela fadiga. Esse tipo de voz, aliás, com que se contam, em geral, intermináveis histórias.

Para mim, foram eles, naquela época, os primeiros escritores que conheci, embora jamais houvessem escrito um só livro. Tudo que eles ousavam era apostar no efêmero das palavras, talvez por serem elas o único instrumento a mão com o qual enriquecer o arsenal das suas narrativas encantatórias, todas elas, por sinal, ainda hoje aninhadas entre as penas da minha memória.

Recordo que me falavam com certo vagar, silvando entre os dentes, aflitos por extraírem meus ais e meus suspiros de admiração. Único motivo de jamais se esquivarem à instigante tarefa de lançar ao chão da minha fantasia as côdeas de pão de Joãozinho e Maria, com os quais eu presumia estar, afinal, invadindo os mais insólitos desvãos da sorte humana.

Outra de suas virtudes era a paciência. Graças a ela sabiam, como ninguém, lidar com detalhes praticamente esmaecidos. E como se não lhes bastasse tal acuidade, desconsideravam com orgulho as múltiplas instâncias do tempo.

O PRESUMÍVEL CORAÇÃO DA AMÉRICA

Tanta ciência devia-se, quem sabe, ao fato de esses homens se pressentirem havia muito liberados para toda espécie de mentira, que é também porção substantiva da verdadeira história. Mas, pergunto-lhes eu, por que haveriam eles de temer a rigidez cronológica do calendário gregoriano, ou mesmo o ridículo dos seus contemporâneos, se apenas ambicionavam misturar, ante aquela menina ávida, uma massa narrativa que fosse desprovida de medo e de pudor?

Foi então que percebi, entretida com as suas histórias, que a narrativa oral daqueles homens, anônima por excelência, perdia-se nas mil noites do tempo. E cada ruga estampada nos seus rostos testemunhava essas infindáveis noites.

Nesses seres, brasileiros e galegos, eu via florescer o límpido e desinteressado ato de criar. Surpreendia-lhes o mitológico poder de persuadir estranhos e amigos de que a narrativa, embora precária, não morreria com eles, nem comigo a escutá-los. Pois sempre haveria entre seus ouvintes quem agarrasse o enredo coletivo com as mãos, a fim de registrar no papel a trajetória do homem. Para que ninguém jamais duvidasse das evidências do cotidiano e dos signos inalteráveis da paixão humana.

A esses homens, sempre generosos e em trânsito pela terra, cujos nomes já esqueci, devo a esplêndida aventura da narrativa. Um reconhecimento que me impõe um dever. Permitam-me, então, prezados amigos, ceder, nesta noite, tal prêmio a esses discretos narradores que me dilataram o imaginário, para eu respirar com fremente liberdade verbal.

E indique, ainda, o nome de Carmen Piñon, minha mãe, para transitar, como convidada de honra, por esta *República dos sonhos*, que ela tanto ajudou a construir.

Só então terei o prazer de sentar à vossa mesa e compartir com todos o generoso pão.

Muito obrigada.

Discurso de investidura como DOUTOR HONORIS CAUSA da Universidade de Santiago de Compostela, no dia 1º de abril de 1998, na cidade de Santiago de Compostela, no Salão Nobre do Colégio de Fonseca, Reitoria da Universidade de Santiago de Compostela, título pela primeira vez concedido a uma mulher em 500 anos de história da Universidade.

A solenidade foi presidida pelo Reitor da Universidade, Professor Doutor Dario Villanueva, que discursou mais tarde quando descerrou o retrato de NP na Galeria da Universidade. O Doutor José Luis Rodriguez, catedrático de Filologia Portuguesa, do Departamento de Filologia, saudou a homenageada. A solenidade contou ainda com a presença do Presidente da Junta de Galícia, Dom Manuel Fraga.

Retorno ao centro

Chego a essas terras vinda da pátria brasileira. Ao encontro de uma Espanha que esparge símbolos, emblemas, representações. Uma fina matéria que ecoa fértil junto ao imaginário do homem. Esse peregrino, de feição universal, que lança mão de tantos mitos espanhóis para saciar sua ancestral paixão pela vida, para enfeitar os vazios estéticos do seu cotidiano.

A cultura espanhola, de horizonte desmedido, formou-se à sombra de uma grei destemida, generosamente espúria, contaminada pela esperança, pela pertinácia, pelo impulso do próprio gênio. Essa matriz civilizatória, de substância arcaica, moderna, irrenunciavelmente contemporânea, soube expressar, ao longo da sua odisseia, a dimensão múltipla, profunda, reformadora, de sua psique.

Ao chegar ao coração da América, nos longínquos idos do século XVI, essa Espanha sediou no continente americano aquelas noções civilizatórias que constituem, ainda hoje, legado essencial da humanidade: sua poderosa língua, o espectro de sua larga memória, seus códigos, seus dilemas históricos, suas estruturas psíquicas. E ainda aqueles princípios subjacentes que fazem de Espanha aquela alteridade diante da qual a América esclarece a própria gênese, sua dramática trajetória.

Devotada desde o início à narrativa, a América esforçou-se em contar sua história a um interlocutor invisível que quisesse ouvi-la, acreditando em suas palavras ambíguas, arqueológicas, cada uma delas tendo por fim confirmar a existência de sua cultura. Afinal, essa América veio de muito longe, de todos os recantos da terra. Suas lendas terão feito parte, quem sabe, do repertório de Deus, quando, dando Ele marcha a seu projeto pessoal, ofereceu ao novo continente o dom de registrar de forma criativa as ocorrências humanas.

Essa América, contudo, ao filtrar a realidade por meio de sua ótica narradora, fez igual uso das raízes de sua porção espanhola para proclamar seu *ego sumo*. Logo existo, logo sou americano, hispano, senhor da língua espanhola, herdeiro do palimpsesto ibérico.

A partir de si mesmo, e em permanente comunicação com esse interlocutor anônimo, que podia ser qualquer criatura, esse vasto continente americano cumpre um roteiro atado a uma hispanidade que já não lhe dobra a vontade, não lhe envenena a memória, não lhe extrai pedaços do imaginário. Simplesmente tornou-se uma herança que lhe concede subsídios revisionistas, fomenta-lhe os sonhos, inunda-o de alvíssaras, quimeras, mistérios.

E que permite a esse hispano-americano, sob o impulso da representação, avançar pelos séculos espanhóis, ancorar, caso queira, em qualquer de suas épocas. E isso porque tudo lhe ressoa familiar. É-lhe tão fácil reconstituir a Madri dos Áustrias por meio de sua perceptível intuição. Frequentar, emocionado, o século XVIII, quando o fracasso, a desilusão, a insensatez política predominavam como matéria e fermento indispensáveis para fazer vicejar nesse *siglo de oro* os gênios de Quevedo, Góngora, Tirso de Molina, Lope de Vega, Cervantes, este já nos seus últimos anos.

E, como se tanto engenho não bastasse, essa América surpreendia o humano ganhar nova versão graças à pintura de Zurbarán, Murilo, Alonso Cano e Velásquez, o maior dos pintores, o irretocável narrador de uma sociedade. Todo esse desvario criativo ocorrendo nessa Espanha que, assaltada pela luxúria e pelo misticismo, jogava com Deus e com os dados da sorte ao mesmo tempo. Cada indivíduo lançando-se à aventura de viver a mentira, o malogro, a magnificência, os assombros humanos.

Foram sempre tantas Espanhas e tantas as épocas para vivê-las. Cada Espanha tornando-se uma emergência verbal diante da qual a emoção empobrecia as palavras com que desenhar um universo enlaçado à invenção, ao intenso exercício de pensar.

Apraz-me, porém, confessar que sou filha dessa América mestiça, de fusão lusa e ibérica, de genealogia desgovernada e rica. Filha também dessa nação cujo repertório civilizatório, proveniente de suas diversas línguas e de suas regiões autônomas, concilia-se com as raízes inaugurais do continente latino-americano.

Evocar, pois, esse país múltiplo, ingressar em sua natureza antropológica, inclinar-me ante seus princípios estéticos, as filigranas de sua alma, constitui para mim um ato de vontade natural.

Contudo, que espécie de Espanha existiu na minha infância para que, desde muito cedo, eu a pranteasse comovida? Seria aquela nação outrora imperial e expansionista? Ou Espanha simplesmente resumia-se a uma terra chamada Galícia, povoada de lendas, de indomáveis desbravadores do imaginário, de seres inquietos, prontos para partir em busca de territórios novos, mas que tão logo movidos pelo fervor da *morriña*, pelo instinto da volta, nunca deixaram de retornar a esses montes, a essas *rías*, ao seu eterno centro.

Nutri sempre profunda nostalgia por uma Galícia que conheci menina, mal sabendo que existia a geografia dos homens e que cada terra — dentro dessa estranha noção de pátria — levava um nome. Um nome no mapa, um nome na alma.

Quando então me prometeram que haveria um dia de conhecer a Galícia. Uma terra de onde a família, materna e paterna, saíra para deitar raízes no solo brasileiro. Um epicentro que os avós, Daniel e Amada, e Serafim, e o pai, Lino, levavam no coração com irrestrita fidelidade. Agraciados por um sentimento que provinha da inalterada fé na soberania dos seus valores de origem e igualmente dos preceitos emanados do cotidiano brasileiro, que agora abrigava a todos.

E, embora sofressem, resignados, a ausência de suas aldeias, devotavam-se com meticulosa paciência ao singelo ato de dar luz e contorno a essa terra longínqua, do outro lado do Atlântico, que começava no Finisterre. Com o simples propósito de saciar aquela menina inquieta e enfeitiçada, que parecia amar os enredos familiares, as geografias de pontevedra, de Orense, da Coruña, de Santiago de Compostela, que iam eles esboçando segundo o frágil e desamparado mundo de suas memórias.

Aquela península ibérica, concebida de muito longe, sujeita a aflitas descrições familiares, a uma lógica encantatória, despontava no horizonte com suas exaltadas histórias. Para aquela menina não havia outro modo de testar-lhes a febre e o mistério senão transferindo seus personagens do estábulo para a casa, da aldeia para a cidade, da Galícia para a América, para melhor apreciá-los. Criaturas que, tão logo evocadas pelos avós e pelos pais, acomodavam-se automaticamente sobre o desmesurado tablado do enigma que a Galícia encarnava de forma emblemática. E isso porque o ser galego, tal como me ia sendo contado naqueles anos, tinha caráter multiplicador. De muito excedia o viver modesto, para integrar-se à galeria das personas lendárias.

Essa geografia galega, que os Cuiñas, os Morgade, os Loi, os Muiño, os Piñon porfiavam por perpetuar no interior do cofre incipiente daquela memória infantil, prodigalizava-se esplendidamente. Graças às desabridas lembranças, os telhados reluziam, os porcos louros pareciam touros, o Pé da Múa ombreava-se com o Evereste, as mulheres ostentavam um luto iniciado havia tantos anos que já não sabiam a que mortos reverenciavam.

Nas tardes de domingo eles se esforçavam em injetar na tênue consciência daquela futura escritora toda sorte de paisagens, de seres, de olfatos, de narrativas. Um pródigo arsenal sujeito a exageros, a contínuos reparos.

À beira da lareira dos afetos, eu me tornava exigente. Seguia-lhes os passos, as palavras, os enredos que me levassem um dia à Galícia. Havia muito começara a engendrar uma Galícia-Espanha só minha. Um país mítico que devagar ia habitando no meu coração. Essa espécie de Espanha tornava-se também filha da minha imaginação. E permitia-me, em meio à farsa lúdica do cotidiano, inventar um país, uma língua, idealizar o paladar daquela cultura, seu olor de azeite, que, à guisa de bálsamo, gotejava das azeitonas andaluzas.

E quando afinal chegou o momento de conhecer esse país da fantasia, que se iludia de haver fundado uma América europeia, atravessei o Atlântico convencida de encontrar nessa região mitos gregos, os Três Mosqueteiros em corridas céleres pela Place des Vosges, enquanto davam combate à guarda do cardeal Richelieu. O mundo da imaginação autorizando-me a cometer desatinos, a invalidar histórias herdadas. A emendá-las a meu critério, umas às outras.

Chovia quando desembarcamos em Vigo. Era janeiro, com sua pesada melancolia. Tudo que aquela menina de dez anos sabia da Galícia fora-lhe contado pelos avós e pelos pais. De imediato, enlaçada por abraços férreos, falavam-me todos em uma língua ríspida na aparência, que eu mal entendia. Até surpreender nas lágrimas dos olhos amigos a primeira ternura daquela cultura.

O PRESUMÍVEL CORAÇÃO DA AMÉRICA

A Galícia recebeu-me ao longo de dois anos. Uma travessia que se cumpria graças às descobertas incessantes, às fortes mudanças sazonais, ao meu corpo que crescia para acompanhar a vida, à conquista simultânea de duas línguas: o velho galego, de paladar montanhês, e aquele outro, plangente e lírico, de Rosalía de Castro, de Álvaro Cunqueiro e ainda de Pardo Bazán, Otero Pedrayo, Valle-Inclán. E que parecia ter sido sempre falado pelos homens quando quiseram traduzir sentimentos imutáveis. E ainda o castelhano, altivo, querendo seguir os preceitos de Nebrija. Ambas as línguas exigindo a expansão voluptuosa da minha sensibilidade para o viver linguístico daqueles povos dos quais eu procedia.

Naquelas aldeias de pedras cinzeladas havia uma cultura sem desperdícios. A abundância ali existente procedia do verbo que os impulsionava a narrar as histórias e da imaginação que explorava as veredas do mundo. A migalha do pão que lhes enfeitava o prato vencera milênios de dramáticas peregrinações. Lutaram todos como lobos para chegar vivos ao alvorecer.

No início, estranhei, percorrendo as aldeias de Cotobade. Afinal viera de uma terra de fartas colheitas, em que plantando tudo se reproduz. Logo compreendi que, embora a dor aflorasse em cada casa galega, havia a tradição de sufocá-la, de impedir derrames inúteis. O naufrágio dos sentimentos na Galícia sempre reforçou a dignidade do trabalho, do engenho do sonho.

No percurso dessa memória galega, forço a recomposição das paisagens, dos grupos familiares, que se formaram ao acaso. Ouço aquelas cantigas que me faziam tropeçar nas palavras. Um verbo de manancial farto que os camponeses, com raro sentido de permanência, iam pronunciando para as novas gerações enquanto fatiavam o pão contra o peito com a apurada lâmina da faca herdada de seus primevos.

Sob a custódia dessa cultura, eu ia preservando intrigas, enredos. No fulcro narrativo residia a chave do poderoso enigma daquelas regiões. Sentia-me uma funâmbula imersa no imaginário celta, conduzida pela carroça da ilusão e da credulidade. Revestida de máscara, só na aparência guardava uma geografia humana.

Ao sabor dos imprevistos daqueles dias galegos, submergia nas peripécias daquele universo. Queria salvar aquelas memórias da tentação do esquecimento com a ajuda dos velhos abnegados, que, embora estivessem perdendo os dentes, alvoroçavam-se em fecundar meu espírito com seus relatos.

Nesses homens de boina, que se compraziam em amassar o toucinho e o pão de milho com o garfo, eu via florescer o límpido ato de criar! Seu poder de persuadir, quem fosse, de que a narrativa jamais morreria entre eles. E que a despeito do antagonismo do tempo e do espaço, que a tudo esgarça, aquela raça agarrava as palavras com as mãos para que não se eclipsassem.

Naqueles anos a Galícia cresceu no meu imaginário, consolidou a identidade brasileira. Participava, comovida, de suas cerimônias, de tudo que acrescentava uma encenação suplementar a suas tradições. Arrastada pela tentação de desvendar essa terra onde as bruxas, intituladas meigas, operavam em favor dos homens. Onde o sobrenatural, mera contingência, não impedia o homem de lançar-se à aventura de viver.

Aqueles galegos, condenados a viver as mil vidas herdadas de seus ancestrais, eximiam-se de esclarecer de onde lhes viera a mirada perpassada de devaneios, de contida melancolia. Como se, por navegarem entre o desperdício e a profunda escassez, fosse-lhes penoso administrar a realidade oriunda das demais culturas que acudiram à península ao longo dos séculos.

Eu soçobrava, confrontada com o enigma e a agonia daquelas Espanhas polissêmicas que me cercavam de histórias; temores e adivinhações, cada homem envolto com o manto da profecia agia como um narrador propenso a dilapidar o tesouro das causas comuns. Cada homem que, no passado, intermediara o universo pagão e o cristianismo incipiente e convivera com tantos deuses ao mesmo tempo, sem a obrigação de servir a uma única teologia, ajudava-me a imprimir sonho e audácia à narrativa.

Naquelas terras havia que ousar como Cervantes, com seu bastão do ridículo. Enfrentar a Deus, como Teresa, a intrépida Cespeda, que das muralhas de Ávila, sua cidade, tornou-se paradigma da inconformidade. Essa santa que, junto a outros exaltados místicos e heréticos, como Prisciliano, só compreendia o espetáculo humano quando entregue ao sonho de fundar terras imaginárias nas próprias terras dos homens. Para essa raça singular tornava-se mister reforçar os alicerces das palavras concebidas pelo imaginário, a despeito dos estatutos de Deus.

Ao longo dos tempos, avançando por concepções de fundamentos antagônicos, complexos, as Espanhas surgiram-me densas, refulgentes. Assim como Troia, que no início se julgara mera invenção de Homero, esse universo ibérico vergava sob o peso de histórias e riquezas excedentes. Fazia-se necessário, então, seguir as pegadas simbólicas de Schilieman, diante da amada Troia, e desenterrar suas preciosas criações.

O mergulho nessa aventura galega, que mais tarde se traslada para a América, levava-me a exaltar seus mitos, a trazê-los para o alforje da memória, onde já se acomodavam os mitos concebidos pelo Brasil. Em mim, em todo latino-americano, fundem-se aqueles mitos que iriam propiciar à América a instauração de nova ordem estética. Pois que escrever, desde os vórtices iniciais, e ao longo desses quinhentos anos, tornou-se sina e senha de identidade dessa América. Um ofício reforçado pelas cosmogonias indígena, europeia, negra, definitivamente entrelaçadas.

Meu amor pela Galícia permitiu-me percorrer os itinerários da imaginação. Amparada por tal desígnio, travestia-me às vezes de um goliardo do século XIII. Um poeta libertino que, tomado pelo ardor dos despossuídos, e à cata da aventura e da estrada, exercia a liberdade de exaltar as delícias do amor e de censurar, impiedosamente, as instituições sociais da época.

Outras vezes, preocupada com a alma e com o tédio do cotidiano, transmutava-me em peregrina. Com o cajado e a concha no pescoço, percorria o caminho jacobino, até chegar ao Pórtico da Glória, de Mestre Mateus, para abraçar o santo assentado como rei em Santiago de Compostela. Onde o santo, conciliador e vigilante, há séculos preside os desatinos humanos. Sabendo que cada qual leva no coração o pergaminho da dúvida, que os anos inscrevem em seus destinos como sinal de fé. Uma crença que se prorroga mediante o empenho mesmo da viagem, cujo lema é chegar um dia à Galícia, contemplar da Praza do Obradoiro sua catedral. Suas fachadas que reverberam, parecem arfar, a qualquer hora do dia. Diante das quais quem chega simula serenidade, beija os pés de Deus. Bate à porta do palácio compostelano de Gelmires, recolhe os solilóquios do arcebispo, os brados estremecedores de Urraca. Ambos, decerto, concebendo juntos o país galego. Esquece, por momentos, sua modernidade faustosa, que resiste às exegeses, aos devaneios do espírito. E, de alma vazia, rende-se à cidade de pedras lavradas. A eternidade ocupa as ruas estreitas. Insta-o a reconciliar-se com o ideário medieval, a enfeitar-se com a auréola do sagrado, onde o maravilhoso sobeja, está na franja da quimera.

A Universidade de Santiago de Compostela concede-me neste dia seu mais inestimável galardão: o título de Doutor Honoris Causa. Uma preciosa homenagem que aceito profundamente agradecida. Agradecida, sim, ao Doutor José Luís Rodrigues, catedrático de Filologia Portuguesa, que me distingue hoje com a sua *laudatio*, ao Departamento de Filologia Galega, à Faculdade de Filologia, à Xunta de Governo e ao Claustro, aqui representados por seu Presidente, Manuel Fraga, e o Reitor Magnífico, Professor Doutor Darío Villanueva, notável intelectual deste país.

Comove-me uma outorga originária de uma universidade que se associa inexoravelmente às matrizes da Galícia, ao repertório cultural dos homens.

Há cinco séculos esse bastião civilizatório marca o tempo da história. Confere rosto, memória e dignidade aos homens. Favorece os sonhos humanos, as turbulências das melhores utopias. Forja um projeto cultural que reforça estatutos reformistas, audazes, pluralistas.

Essa Universidade tem sido a morada do saber. Ao longo de sua trajetória, resistiu aos sentimentos apátridas que advêm da solidão intelectual, do cerceamento à inteligência, do esvaziamento das pesquisas, da descrença no futuro. Seus mestres e alunos, habitantes de um imaginário libertário, opuseram-se às ocorrências fugazes e decorativas. Sempre em defesa da universidade como o espaço da tradição. Uma tradição capaz de amparar os avanços humanos, de designar essa mesma Universidade como o lugar da crise, cenário para o exercício da liberdade de expressão, dos debates irrenunciavelmente contraditórios. O campo em que não cabe qualquer espécie de expurgo verbal ou sanguíneo. Nem sequer a renúncia às falhas trágicas dos homens a pretexto de euforias tecnológicas. Uma universidade que, forçada a decidir entre valores perduráveis e aqueles recrutados ao acaso, afasta, perseverante, o cálice oxidado de uma contemporaneidade meramente conciliatória, canônica, de modernosa transitoriedade.

A Universidade de Santiago de Compostela dignifica a história dos homens. Suas insígnias, portanto, inspiram-me orgulho. O título de honra que ora recebo comparto com os avós, o pai Lino, a mãe Carmen, os familiares, amigos e mestres, com meus compatriotas brasileiros, tantos espanhóis que partiram em busca do legado americano, levando com eles as nostálgicas evocações galegas.

Graças a eles desfruto, como escritora, da pujança e riqueza da língua portuguesa, tenho o Brasil como pátria, sou filha dessa amada Galícia e recebo, emocionada, desta notável Universidade de Santiago de Compostela, o seu honroso Doutor Honoris Causa.

Discurso da investidura como Doutor Honoris Causa da Universidade de Poitiers, em 1997, no salão Nobre da referida instituição, em Poitiers, na França. Na mesma semana, organizou-se um seminário sobre a obra da escritora.

O filósofo da casa

Cada ser é o filósofo da sua casa. Fala a linguagem dos homens, murmura os suspiros do seu interior, capta a essência das plantas. Dono de um tempo, sutil e frágil, cabe-lhe a ciência de ingressar no coração dos homens. Um território a partir do qual narra a história que prorroga a sua existência e justifica a invenção do sonho, o espírito da aventura. Em nome dos quais, tão somente, reclama terras, mares, descobertas, reflexões, o próprio ser. Busca o outro lado de Deus.

Há anos iniciei a viagem que me traz hoje à bela cidade de Poitiers e à Universidade que leva o mesmo nome. Para receber, comovida, honrada e agradecida, o título de Doutor Honoris Causa. E dizer-lhes que guardo, desde menina, irrestrita fidelidade ao ofício de escritora. A cada dia proclamando ser filha dos livros e da imaginação. Desses livros nos quais se acomodaram o enredo universal, os acertos e o declínio da nossa história. Dessa imaginação em cujo fulcro apreende-se o impossível e confrontam-se estágios civilizatórios, a nostalgia da perfeição, as memórias imemoriais que regem ainda hoje o cotidiano humano.

Somos, contudo, quem ousou inscrever nas pinturas rupestres a ânsia de romper com seus próprios limites, quem se esforçou em superar o exílio imposto pelo silêncio por meio dos recursos da linguagem.

A cada alento confio nas atribulações e na soberania da arte. Essa arte que secunda o homem na sua tentativa de fazer a exegese da vida. De procurar superar os limites canônicos da cultura. Essa arte que dispara o gatilho do tempo e da memória para semear entre os homens pegadas, veredas, o presente e o futuro.

Igualmente acredito na perenidade do escritor em meio aos estertores da nossa espécie. Há muito sei que viver é um ato agônico, apaixonante, regido pela carne, que é poderosa, e pelo espírito, de aparência acanhada, recôndita, mal se lhe vê o rosto. Ambos, de desmedida eloquência, exaustivamente permeados pela arte. Pelos fragmentos e pelas misteriosas irradiações dessa arte que é o pão do homem.

Uma criatura que, sob o impulso da necessidade, da inquietação cega, perseguiu as trilhas do saber. De um saber que se tornou, para ele, ao longo de milênios, a porta de entrada do paraíso e do inferno. Combustão da quimera, fonte de dolorosa alegria, refrigério da fantasia, chave do futuro, veio aurífero da poesia, estigma da sua humanidade.

Um saber inescrupuloso, acumulativo, que não comporta expurgos e exige da memória reverência ao repertório humano. Um saber que não apaziguou, felizmente, o espírito dos homens, inventariou sua cobiça e seus devaneios, domou a fúria do cotidiano.

O PRESUMÍVEL CORAÇÃO DA AMÉRICA

Muito desse saber humano aloja-se nas universidades. Essa morada singular que requer liberdade para vicejar, falar, fecundar utopias, experimentar o que deve estar ao alcance de todos. E que acolhe, como assim o quis hoje a Universidade de Poitiers, a mulher oriunda de um país ensolarado, onde a realidade reverbera com rara intensidade, alguém que, diante de tão ilustres figuras, oferece sua biografia, seus livros, suas aflitas palavras.

Conforta-me desfrutar da vossa tradição em meio às evocações românicas. Desse universo outrora erigido por homens austeros, singelos, de origem camponesa, sem pressa de chegar a Deus. Confiantes de que nos séculos vindouros seus herdeiros, agradecidos, buscariam suas obras como forma de honrar suas próprias vidas. Para com elas abastecer vossa admirável, fecunda memória, renovada por meio de atos e desafios contemporâneos.

No epicentro mesmo da Universidade de Poitiers, sob a odisseia dos séculos, somos cúmplices dessa inesgotável aventura de viver. Enlaçados, franceses e brasileiros, mergulhamos nas águas barrentas das palavras, no rodamoinho vertiginoso das emoções, nas trevas perturbadoras dos sentimentos. Em tudo que, a caminho do coração da vida, ganha descrições ora modestas, ora suntuosas.

Agasalhada aqui por vossa inexcedível distinção, evoco a minha condição de brasileira. Abrasa-me o imaginário originar-me de um continente de raízes visceralmente europeias. Porções de cultura pátria conciliam-se de tal modo com o vosso patrimônio, que seria impossível elaborar um compêndio brasileiro sem o sopro restaurador dessa arcaica e densa Europa.

A Europa, contudo, é incompleta sem a leitura da América, em cujas páginas se registram as aventuras e desventuras de vossas melhores utopias.

Vossa imaginação não prescinde da memória inaugural daquelas *terrae incognitae*, para enriquecer suas narrativas.

Aliás, antes mesmo de a Europa haver sonhado com aquele continente além das Colunas de Hércules, na iminência de abandonar o Mediterrâneo, havia muito o oceano Atlântico fora cruzado pelas naus da vossa invenção, sob o impulso dos ventos da vossa poesia. Para que o encontro final com a América propiciasse o confronto com os vossos melhores enigmas.

A América, por sua vez, carece da volúpia de fazer o caminho de volta à Europa, como se a estivesse descobrindo. Falta-lhe assegurar ao mundo que também ela, sob o feitiço da sua arte, por meio dos seus recursos essencialmente narrativos, do perscrutar do seu coração, das suas entranhas, quer desbravar a Europa.

Aliás, desde o inca Guamán de Ayala, no século XVI, a escrever a Filipe II, de Espanha, até aqueles narradores modernos que cristalizaram em seus textos instantes constitutivos da civilização latino-americana, o novo continente sempre elegeu um interlocutor invisível a quem se dirigir. Ante o qual descrever sua geografia, sua mestiçagem, sua cultura. Diante de tal interlocutor, após perder a inocência, enveredou por um longo processo autodescritivo, por pungente e imaginativa catarse. Querendo assegurar a esse ouvinte, jamais personagem de suas narrativas, a dimensão múltipla de sua personalidade continental.

O PRESUMÍVEL CORAÇÃO DA AMÉRICA

Europa é certamente esse interlocutor. A ela vimos falando desde o período da Conquista. Sem por isso a Europa dar-se conta de estarmos exorcizando parte da nossa origem ao dirigir-lhe a palavra. Sentindo a emoção epifânica que provém unicamente da descoberta de terras utópicas. Provando o quanto a história europeia se empobreceria sem a solitária e pungente versão da nossa história.

Senhoras e Senhores,

Desde o ano de 1431, a Universidade de Poitiers vem devotando-se ao saber dos homens, usando, como instrumento esplêndido, o francês, essa língua de rara plasticidade, capaz de servir aos mais recônditos ou exaltados sentimentos. Para expressar-lhes, porém, o meu alto apreço, trago-lhes a língua lusa, pícara, travessa, lírica, que, por meio das suas literaturas, arfa como se fora ela um fole assoprado pelo coração de cada comovido usuário de suas delícias sonoras e escritas. Graças à autonomia dessa língua portuguesa, abastecida pelo povo e por seus escritores, ela chega a Poitiers, onde é cultuada e venerada.

Agradecemos, exultantes, que essa língua viceje e prospere entre os senhores, sob os mais elevados auspícios intelectuais.

Esse título que ora me concedeis incorpora-se hoje às mais caras memórias. Agradeço, emocionada, tanta honra. Permitam-me que a transfira para o meu país, e que reparta esse regalo entre os seres que me são mais queridos.

Discurso proferido em 3 de maio de 1990, por ocasião de sua posse na Academia Brasileira de Letras, na cadeira nº 30, sucedendo o acadêmico Aurélio Buarque de Hollanda.

A solenidade, realizada no Salão Nobre do Petit Trianon, foi presidida pelo presidente da Academia, Austregésilo de Athayde, e a saudação feita pelo acadêmico Lêdo Ivo.

Sou brasileira recente

Muitas vezes confessei que sou brasileira recente. Minha família, no Brasil, é mais jovem que as palmeiras imperiais do Jardim Botânico. Carrego comigo a sensação de haver, eu mesma, desembarcado na Praça Mauá, no início do século, no lugar dos meus avós, em busca da aventura brasileira. A única saga que ainda hoje estremece o meu coração.

Temo, muitas vezes, haver chegado ao Brasil com irreparável atraso. Não podendo por isso contar com uma memória familiar que me permita ir, com a frequência desejada, ao nódulo da nossa história e conhecer os seus recônditos segredos. De bater à porta do nosso advento e recolher os fios de ouro da narrativa brasileira, ali embaralhados para sempre.

Ninguém do meu sangue me legou a certeza de haver abalado os fundamentos constitutivos da formação do Brasil. Ou me cobrou, por meio dessa referida memória, o irrenunciável dever de traçar o país, para que o seu passado não se esvaísse em vão. Ou me imprimiu a marca da legitimidade, de modo que os meus sonhos fossem hoje o eco dos devaneios de outros brasileiros vencidos pela desilusão.

Trago, pois, na imaginação vestígios de uma viagem que não fiz — com meu corpo — e o gosto do sal inerente à travessia atlântica. Trago, sim, comigo, junto à atração pelo novo, as hesitações típicas de quem penetra um país pela primeira vez e desconhece os costumes locais implantados há mais de quatrocentos anos.

Graças, no entanto, a essa inexperiência e à curiosidade sempre incensada por um país que olho com paixão, que a vida não arrefece e os dias renovam na pira do cotidiano, respondo por encargos e sortilégios provenientes, muitos deles, dos sentimentos que habitaram meus avós Amada e Daniel, e meu pai, Lino.

Todos eles originários de uma Galícia povoada de lendas e de seres ansiosos por partir para longe e marcados, ao mesmo tempo, pelo instinto da volta à terra por cujas montanhas circulavam os fantasmas dos celtas, esses indomáveis desbravadores do imaginário.

Não sei a que intriga e ardil do destino meus familiares obedeceram quando, em suas aldeias, apontaram no mapa o desenho febril e exaltado do Brasil.

Afinal, cada homem viaja em busca de uma estrela que recebe o nome caro aos seus sentimentos. E traz às costas a sacola da ilusão e da intranquilidade. Escassos pertences que aquecem a vida e norteiam os rumos. E habilitam-nos ainda a dar o passo inicial nessa interminável errância pela terra. Para que assim, sem reservas e temores, abandonemos os recursos que a própria vida se encarrega de substituir. E não é ela, essa carne inquieta, esse coração de corça e touro que nos compra o amor, o instinto, a coragem, a traição? E irriga ainda as nossas veias com o sangue da aventura?

Foram, pois, esses seres galegos, amorosamente acomodados à realidade brasileira, que me ofertaram um país de presente. Concederam-me os sentimentos iniciais de pátria — esse conjunto de aspirações, de amargas e de frustradas coincidências. Esse território dos suspiros travados, de um Finisterre além do qual existem o abismo e o degredo. Sobretudo entregaram-me eles a majestade de uma língua que inaugurou a minha humanidade.

Não sei que mestre, que mágico, que mãe misericordiosa, que amor desfeito no aluvião das montanhas me transmitiu a caprichosa convicção de que a palavra, espúria e nômade, tinha o dom de costurar todos os sentimentos. E que a palavra ainda, associada à história secreta das nações e ao enredo indevassável do destino humano, se tornava a única chave com a qual forçar a porta do mundo, lacrada com cera e enigmas.

Arrasto comigo seres arcaicos e memórias coercivas. A caravela que navega no meu imaginário, como herança, insiste em que levantemos as velas. O vento que assopra conduz-nos pelas grotas de geografia indômita, vistoria palavras e sentimentos cravados no peito alheio. Espinhos de uma roseira que pende sob o fardo de juras e queixumes solitários. O Brasil, saído dessa fornalha, alimenta a fome verbal dos seus filhos.

Desde a infância, o mundo pareceu-me encantatório e perturbador. De início, colhi-o no regaço da casa e da própria fantasia. Depois, a realidade me veio por meio dos escritores e ainda de ilustres anônimos, todos criaturas de despudorado alento, que me fizeram crer nos mais intrincados enredos. E que, por falarem, uns e outros, a língua dos homens, haviam presenciado a vida passar. Tanto os escritores quanto esses rapsodos tinham a vantagem de se esfumar tão cedo se lhes esgotava o ciclo narrativo. Logo, no lugar deles, vinham outros, com igual mérito para escrever e contar. De forma que essas histórias, oriundas de bocas famintas e maliciosas, pudessem reproduzir-se sem interrupções.

Aprendi, então, que para que tal registro não se perdesse nas noites clandestinas, devíamos — tripulantes dessa caravela — excedermo-nos no próprio ofício de narrar. Sem reclamar contudo verdades ou certezas. Uma vez que as palavras procediam comumente do forno da mentira. E mister fazia-se roubar nacos da existência vizinha, de pecado mais fornido que o nosso.

Não, a realidade não era o que eu via ou o que se deixava tocar. Seu arcabouço, muito além do previsto, tinha como substância a nossa história conjugada a outras tantas histórias produzidas ao mesmo tempo por todos os vizinhos do mundo.

Foi na língua portuguesa, porém, que encontrei pouso e graça. Sobre ela debruçada cada manhã, ungida pelo seu exigente desafio, professei-lhe sempre intransigente amor. No livro *A força do destino*, de 1978, ao invectivar

O PRESUMÍVEL CORAÇÃO DA AMÉRICA

Leonora e Álvaro, personagens recalcitrantes, a acatarem o modelo narrativo que lhes propunha, assim lhes falei sobre essa língua:

> Unicamente por minhas mãos ingressariam ambos na língua portuguesa, que é — como expliquei a Álvaro — um feudo forte e lírico ao mesmo tempo. Um barco que até hoje singra generoso o Atlântico, ora consolando Portugal, ora perturbando o Brasil. E porque essa língua tem vocação marítima, entende bem os impropérios do vento, mais que qualquer outra se deixa levar pelos sentimentos. Os ais e os prantos a seduzem tanto, que essa língua busca as estradas de ferro para medir de perto a intensidade das mágoas que só ganharão corpo e expressão por meio de seus recursos. E porque se orgulha do que é humano, essa língua portuguesa, de rosto e sexo ardentes, é capaz de saber, apenas pelo apito do trem, se quarta-feira é dia de usarem-na os amantes quando se querem perder para sempre. E como está em todas as partes, é privilégio seu provar a saliva de qualquer beijo, sentir-lhe a densidade do sal. Pois quanto mais salgado o beijo, mais as desesperadas palavras do seu patrimônio ganharão saída pelos poros, os olhos arregalados.
>
> Nessas horas, como de propósito, a língua estimula os lamentos africanos, que lhe foram incorporados nos últimos quinhentos anos brasileiros. Com eles, ela ganhou força e ardência. Ficou uma língua morena. Talvez por isso se comova com tanta facilidade e se solidarize muito mais com um corpo em frangalhos do que com quem sai altivo do embate amoroso. Tornou-se a língua portuguesa

plangente, de índole excessiva, e deseja que usem vinte de seus vocábulos quando apenas três talvez expressem parte dos seus sentimentos.

Daí essa língua precisar de que seus amantes se excedam, imaginem o coração incapaz de novo afeto. É nessas horas que a língua, sob tão grave ameaça, ganha dimensões impensadas. Usa da pena de Camões, Cecília, Machado, Clarice, só para não perecer. Ela quer ser usada até mesmo pelos sentimentos menos nobres. Não lhe falem jamais de poupança, nem pensem conferir-lhe a sobriedade que não seria outra coisa que prendê-la com cordas às camas secas de um quarto de hotel com luz néon, para que não lhe escutem os lamentos.

Cabe-me aqui evocar a figura de Aurélio Buarque de Holanda Ferreira, a quem sucedo nessa cadeira nº 30. Faço-o com o temor de falhar ao reconstituir uma matéria feita de carne, cerrada em delicado casulo, aquecida, a cada dia, enquanto viveu, pelo sagrado fogo da paixão humana, do desatino do sonho, da realidade polifacetada. Assim, pois, como definir a casa interior de um homem de semelhante magnitude? Fotografar-lhe a alma, esse labirinto sem paredes, rabisco nervoso esboçado no vazio?

Somente Aurélio poderia, estando presente, desatar o nó do seu universo. Ajudar-nos a submergir em seu oleoso mistério. Falar-nos, ele, da sua iniciação nessa língua portuguesa. Dizer-nos em que instante compreendeu, sob a custódia das próprias emoções, que o homem não passava de uma espécie condenada a pensar por força de cada palavra pronunciada.

Esses sentimentos, porém, de que a língua deu início ao homem, hão de lhe ter vindo sem pressa, lá na sua longínqua Alagoas, uma franja de terra vencida pelo mar e pelos rios sempre em permanente busca do Atlântico. Entre o calor da comida caseira e do afeto familiar.

Ali, em Porto de Pedras, onde viviam, as palavras grassavam generosas e daninhas. Desde cedo descobriria que essas palavras, contraditórias entre si, quando postas juntas constituíam um enigma de ordem poética, contra o qual esbarrava como cego. Havia que descerrar o véu dessas criaturas verbais.

Em casa, a mãe, dona Maria, olhava o marido com zelo quando ele se desmedia em cumprimentos pela vizinhança. Seu instinto de ordem advertia o filho que cuidasse da roupa, da casa. O leite talhara-lhes justo naquela manhã. Resignada, a falta de moedas no lar não lhes impugnava a paz familiar. Talvez endereçasse a esse filho expressões que lhe sobraram das leituras feitas em voz alta pelo então noivo, seu Manuel, um homem todo pachola. Expressões que, como se haveres fossem, conservava dentro da gaveta, junto às galas típicas dos domingos festivos.

Louro, de olhos cor de mel, o menino Aurélio sorria compadecido. Com 10 anos apenas, tudo armazenava naqueles dias. Aprontava-se para captar os gestos da mãe, para melhor defini-la no futuro.

A mãe queria abrir a porta da inteligência daquele filho sensível e ígneo, absorto diante do mar, à deriva da inspiração e do sol a percorrer, desabrido, as praias do litoral alagoano, enfeitadas de coqueiros, jangadas livres, areia escaldante, ao alcance da mão. Tudo ali, em proporções desmedidas, igual ao Brasil.

Alfabetizou-o pessoalmente. Segundo ela dizia, queria desasná-lo. Restaurar-lhe, por meio da leitura, a condição humana. Arrancá-lo da penumbra, a que a ignorância condenava.

Aurélio preferia ouvir o pai, seu Manuel. À noite, levavam as cadeiras para a calçada. A brisa colhia-os primeiro ali que na sala. Com o proveito de verem e serem vistos, incluídos assim todos no rol humano.

As palavras do pai, a serviço de uma fantasia que o arrancava dos circunscritos limites de Porto de Pedras, perpetuavam, por meio do filho, as histórias que lhe brotavam da memória. Como se pudessem os dois, mediante essa fórmula simples, alcançar Portugal, do outro lado do oceano, de onde a família se originara.

Para enriquecer seu relato e atender aos reclamos da história contada, seu Manuel adotava desvios que realçassem um tecido de sonho, resistente e palpável. Querendo provar que a vida, apesar de restrita, naquele vilarejo ardia. Mas havia que buscar, onde fosse, uma outra, farta de amor e risos.

A família, unida, amassava o pão diário naquele confim esquecido. O Brasil, para eles, não passava de uma abstração. Uma geografia que preenchiam com imaginação e espírito cívico. Espécie de livro ao qual não tinham acesso, e de árdua leitura.

Os ruídos do Rio de Janeiro, as ocorrências nacionais, chegavam-lhes abafados. Desse modo, pai e vizinhos ur-

O PRESUMÍVEL CORAÇÃO DA AMÉRICA

diam, por conta própria, enredos compatíveis com a única forma de experiência que conheciam. Cometiam, em conjunto, a bravura de confirmar a realidade.

Por sua vez, Camaragibe, onde Aurélio nascera em 1910, Porto de Pedras, Porto Calvo, bem cerca e mais ainda ao norte, eram terras propícias aos contos rendados, sem começo nem fim. Os ecos da utopia negra, como exemplo, sediada no Quilombo de Palmares, próximo dali, repercutiam entre eles sem carecer de recuar no tempo. Davam natural guarida ao lendário Gunza-Zumba, ao aguerrido Zumbi, heróis que a morte não varrera.

Aurélio teve a sorte de nascer no nordeste, enclave agudo da imaginação brasileira. O Brasil iniciara-se perto daquelas dunas e perplexidades. Moldura perfeita para agasalhar lendas e gratas ilusões. À beira da soleira da casa e da praça, eles acolhiam os andarilhos, seres de apurado sentido deambulatório, que lhes traziam notícias de longe. A vida chegando-lhes por empréstimo.

E recebiam ainda cantadores que, sem moradia e rumo, se pareciam aos trovadores egressos da Baixa Idade Média. Como aqueles da Europa dos séculos XII e XIII, também aqui seus clamorosos improvisos irrigavam a região com poesia desavergonhada, atuante, satírica, cheia de ciganos e astúcias. Sem cerimônia, misturavam eles feitos da República, quase recente, com outros, oriundos da península ibérica.

O menino recolhia os mitos com entusiasmo. Alguns, de melancólico sebastianismo, não haviam decerto nascido em Alagoas. Nem sempre comeram com eles farinha e carne de sol. Embora esses mitos agora, intrusos e insaciáveis, se acomodassem nas cercanias e até mesmo se sentassem sobre o balcão da loja do pai.

Com esses cantadores Aurélio aprendeu cantigas e assimilou o sentido teatral do mundo. Registrava, emocionado, aquela prática poética nascida do anseio daquele povo, cujas palavras, antes mesmo de se atomizarem, de retornarem às suas origens e, portanto, ao recato humano, ganhavam, na fala popular, novas evidências, outros estados.

A mãe tinha razão. Aurélio não largava de olhar o mar. Quem sabe ansiasse surpreender, por obra de milagre, as primeiras naus portuguesas prestes a desembarcar no Brasil, despejando entre nós as idiossincrasias de uma Europa seiscentista e ainda aventureiros que traziam debaixo das axilas, entre o suor e a avidez da aventura, aquela língua portuguesa que o menino se preparava para amar.

Uma língua que mal chegada aqui conheceu o vazio na matriz mesma do seu coração. E que ouviu, por força dos dilemas impostos pelo novo continente, o arfar da doída nostalgia que se sucede a qualquer espécie de exílio. Uma contração naquele instante necessária para o Brasil passar a ser, ao reverter tal oco provisório, a nova prática dessa língua.

A família precisou deixar Porto de Pedras. Em Porto Calvo agora, terra da mãe, restava-lhe o consolo de ali também as intrigas entrarem pelas frestas das janelas, reduzindo a distância entre o desejo e a frustração.

Nesses cenários alagoanos, os escassos atos diários, vencendo a modorra da tarde ensolarada, infundiam-lhes ânimo e conformidade ao mesmo tempo. O cotidiano, para a maioria, terminava como simples depósito de feitos que dificultavam o culto ao imaginário.

Adolescente e curioso, Aurélio seguia o caminho da imaginação das palavras, como se fora um Fernão Mendes Pinto a peregrinar. Em vez de dizer que visitara o reino da China e da Tartária, aprontava-se ele a proclamar, diante do cristal da língua, o fulcro mesmo das palavras. Já não é quem só ouve e acumula. Inicia-se nele prolongada ascese intelectual, à qual só a morte há de pôr reparos.

Sob a inspiração do casario local, que retinha vestígios de antiga elegância, apura suas maneiras, atento aos trejeitos sociais. Divaga entre as ruínas da igreja de Nossa Senhora da Apresentação, datada de 1630, e ali pensa ver o vulto de Domingos Calabar, assombração que a sedícia e o malogro da invasão holandesa no Brasil obrigaram a penar sem resguardo. Na escola, sua inteligência entusiasma o professor José Paulino, que cobra do pai um dicionário e uma gramática de francês. Pedidos inusitados naquelas paragens.

Aprende a fruir as linguagens dos homens. Para melhor compreendê-las, estabelece analogia entre elas. Nota-lhes o caráter profano e sacro, mistura admirável. Naquelas regiões a feira e a igreja, vizinhas integradas, quase réplicas medievais, constituíam universos que guardavam entre si confidências, cortesias, salpicadas irreverências. No átrio, em dias de quermesse, as palavras, festejadas pelo povo em escala que ia do sublime ao escárnio, selavam a aliança entre os poderes do mundo.

Oriundo de lar temente, no qual o pai jamais pronunciava o nome de Deus em vão, Aurélio desenvolveu, ao lado de outras virtudes, rara afabilidade no trato. Sua gentileza era tão esmerada, vespertina, que mais parecia um aristocrata rural que recebera, como prêmio, o direito de nascer no seio do povo. Poucos homens terão sido galantes como Aurélio. De galanteria solene, pícara, respeitosa, nela a prática social ganhou foros éticos. Todos os seus atos asseguravam que a cortesia, entre os mortais, encerrava uma lição de ordem moral, um postulado político.

Tento agora cerzir retalhos da história de Aurélio apoiada em seu livro *Dois mundos*, publicado em 1942. Esses contos, cobrindo infância e adolescência, são de natureza tão reveladora que, à simples leitura, me acodem as figuras de João e Maria, arrastados pela floresta, deixando tombar no chão pedaços de miolo — sobejas esperanças — com a confiança de virem logo a ser resgatados.

Também Aurélio deixa-nos transparecer, nessa obra, que o inventário familiar, sua gênese portanto, é a essência de sua matéria narrativa. Ao fazer, em alguns desses contos, uso ostensivo da primeira pessoa, voz de enternecida densidade, torna-se ele avalista dos próprios sentimentos e dos lamentos da sua grei. Ainda que adote sobriedade quase ética, como se a revelação do conteúdo ficcional aflorasse do ponto de vista de um narrador oculto.

A sua incursão pelo discurso da memória, gênese assinalado pelas pegadas do constrangimento, não tolhe a criação de personagens antológicos. No conto "O chapéu do meu pai", o filho, ao observar o pai no caixão, e à vista do velho chapéu, frágil herança de toda uma vida, sucumbe às lembranças. Pendido o objeto do porta-chapéus, só lhe faltava um formilho que, em substituição à cabeça do pai, desse forma a sua copa. O autor, porém, elegendo o chapéu como epicentro do drama, multiplica emoções, as suas e as da família, realça os costumes da época, esmiúça os devaneios das vilas do interior, cujos rastros, sob o signo de uma verdadeira sociologia dos sentimentos, são preservados de forma quase documental. Com tal perfeição o escritor desenha em dois planos a história desse pai, um estático, o outro insurrecional em matéria de tempo, que logra devolver-nos, como se vivo fora, a figura do pai.

Notável, da mesma forma, é o retrato de Cândida Rosa, sua avó. Uma mulher que esparge crueza e contradições, mas com rigorosa observância às pesadas limitações impostas a uma mulher da sua condição social. Ao descascar-lhe a alma agreste, Aurélio fustiga-a com um desconsolado afeto.

É com maestria que Aurélio elude à fatalidade dessa voz individual. Por meio de urdida dança temporal, transporta-se, e às suas criaturas, para o âmago dos folguedos e rancores humanos, equanimemente repartidos entre todos. E, ao aguçar o caráter evocativo dos textos, torna-os comoventes peças coletivas que parecem emergir da criação puramente ficcional.

Diante de nós agora surgem outras vinhetas, memórias esmaecidas. A família de seu Manuel, já acomodada no barco para tentar a sorte em Maceió. O mar, para aquela gente, era a estrada natural. Essa viagem, porém, rompe de vez a bolha inchada pela fantasia e pelo tempo ocioso que unia pai e filho.

O capitão, apesar do curto trajeto, cumpre todos os rituais. O apito sela-lhes as despedidas. Queriam deixar para trás um Brasil que lhes empurrava pela goela frituras gordurosas e parcas esperanças.

Do convés, Aurélio contemplava mares que sabia existirem no horizonte do mundo. Para ele, alvoroçado, as águas da pátria simbolizavam a língua e a imaginação da sua gente. O barco vencia Passo do Camaragibe, São Miguel dos Milagres, Paripueira, as praias de Prata, de Jatiúca, de Pajuçara, nomes da alma.

Em Maceió, retoma os estudos. Desenvolve veleidades literárias. Fala dos poetas com feliz acerto, aprende de cor poemas na íntegra. Descobrira a prodigiosa memória a serviço da sua expansão cognitiva.

Para aumentar a precária renda familiar, emprega-se no comércio, realiza tarefas serviçais, que lhe burilam o espírito, a intensa humanidade. Mais tarde leciona aos colegas, exercita o ofício que lhe confirma o fervor na aprendizagem humana. Paciente e obstinado, reparte o seu tempo. Adquire, com folga do ordenado, a gramática de Maximino Maciel e *Memórias póstumas de Brás Cubas*, de Machado de Assis. Duas aquisições que ajudam a definir sua vida.

Estuda a língua à exaustão, aplica-se a conhecê-la. Ao intensificar o convívio com os livros, assinala as frases com as marcas da sua paixão. Elas hão de servir-lhe um dia para as suas abonações. E se muito depressa apreende o significado dos vocábulos, logo pressente que lhe faltam outras acepções. A vida cobrando-lhe pois novos valores.

O PRESUMÍVEL CORAÇÃO DA AMÉRICA

Devagar esmiúça a obra de Machado de Assis. Estuda-lhe, além da psicologia, o estilo único. Prepara-se para devotar-lhe longo estudo. E, a despeito da profunda admiração por tal Mestre, arroga-se a licença — poucos anos depois — já em pleno exercício crítico, atividade para a qual, aliás, demonstra vocação e bom gosto, de fazer reparos a certos expedientes do genial escritor no ensaio "Linguagem e estilo de Machado de Assis".

O jovem crítico, que igualmente se manifestará, com admirável acuidade, sobre Eça de Queirós, Gonçalves Dias, Simões Lopes Neto — seus livros, em especial *Território lírico*, dão prova desse talento —, observa que nos indivíduos pobres, esforçados, como é o caso de Machado, encontra-se mais aceso o gosto pela correção da linguagem. Dificilmente ocorre-lhes a audácia de romper com a tradição, com os parâmetros da língua. Havendo o mulato Joaquim Maria encontrado, por meio do soberano domínio da língua, os meios adequados para superar a modéstia da própria origem.

Seduzido pela tentação de dar, tão jovem ainda, testemunho de independência crítica, Aurélio aponta em Machado aquilo que considera hesitações no seu estilo. Abuso de palavras, de expressões, avanços e recuos que julga, nas frases, meros tropeços. E dos quais resultaria, às vezes, a sensação de monotonia na leitura de certos textos.

Atento para o desabafo ou a ironia de Machado quando este comparou o próprio estilo ao caminhar dos ébrios, decerto Aurélio reforça a sentença amarga de Sílvio Romero, para quem o romancista sofreria, por força da sua gaguez, de uma perturbação qualquer nos órgãos da palavra.

Por outro lado, entretanto, Aurélio detém-se na alma secreta de Machado, um criador sucumbido ante o acúmulo de dúvidas e descrenças. Enfatiza, com propriedade, que buscou ele na arte derivativo ao calado martírio, resultando dessa verdadeira busca do Santo Graal extraordinário e insuperável conjunto narrativo.

Com a vitória da Revolução de Outubro de 1930, sem luta armada em Alagoas, inicia-se ali o sistema de interventores. A cidade floresce na área cultural. Brilhante geração de jovens converge para Maceió, comprime-se no bar do Ponto Central, entretida em longas tertúlias.

Irreverentes, eles passam o país em revista. Com aguçado filtro político, insurgem-se contra a sociedade que amesquinha o homem. Querem, como escritores, retratar, sob uma ótica comprometida, a vida do Nordeste.

Subjugados, porém, pelo espelho embaçado da História, longe estavam de supor que a glória rondava o grupo, formado por Rachel de Queiroz, José Lins do Rego, Graciliano Ramos, por todos aliás julgado irmão mais velho, Valdemar Cavalcanti, Raul Lima e tantos outros.

Sob o impulso da amizade, Aurélio testa o talento junto aos companheiros. Define sua vocação de infatigável homem de letras. E, a despeito dos embaraços econômicos, cumpre o ritual do prazer, das descobertas. Vive com rara intensidade.

Após formar-se em direito e dirigir a Biblioteca Municipal de Maceió, instala-se no Rio de Janeiro, em 1938, em pleno Estado Novo. Contratado para professor do Colégio Pedro II, publica com frequência artigos na imprensa carioca. E, por sugestão de Manuel Bandeira, passa a colaborar no *Pequeno Dicionário da Língua Portuguesa*, respondendo pelos brasileirismos do mesmo.

Conhece Paulo Rónai, recém-chegado da Europa, que se surpreende com a sua erudição. Unidos por amizade fraterna, dedicam-se, juntos, ao longo de trinta anos de exaustivo esforço, a organizar *Mar de histórias*. Uma antologia de rigorosa seleção de contos e narrativas curtas, cujas primorosas traduções, enriquecidas notas críticas, revelam, em dez volumes, admirável repertório narrativo que abarca os primórdios mais remotos da civilização, a partir dos primeiros textos sagrados, até expressões da contística moderna.

Irresistível recenseamento que confirma haver o homem trazido desde sempre consigo, ativa e perdulária, a matriz da criação.

Por todos agora chamado de Mestre, Aurélio não se descuida, no entanto, do mundo afetivo — lavra preciosa —, constituído de amigos e filhos. De Marina, companheira sempre presente e devotada.

O temperamento do Mestre homenageia a existência com exultante espírito. Ri, canta modinhas, genuflexiona-se, onde seja, dando provas públicas de admiração aos amigos. Ama os frutos da terra. Deus seja louvado.

Emerge da sua biografia um ser filiado às obras humanas e afeito às instâncias absolutas da língua. Moral e intelectualmente esculpido para fazer o dicionário que respondesse à curiosidade brasileira pelo idioma.

Afinal procedia do mundo clássico a assertiva de que a palavra era uma sombra cercada de equívocos, em torno da qual havia a imprecisão, a dúvida, o erro humano ao ajuizar seu peso e sua medida. Quem sabe a palavra podendo ser substância untuosa oriunda da baleia Moby Dick, perseguida pelo desvairado capitão Ahab.

Mestre Aurélio, porém, apossou-se das palavras como se tivesse a língua portuguesa inscrita na genética do seu espírito. Empenhado, com desmedida devoção, em descobrir as regras universais da linguagem.

Cúmplice dessa língua, o país, por inteiro, isto é, as palavras desfilavam à sua frente enquanto exercia o labor de lexicógrafo. E sofrendo todas, indistintamente, o assédio dos sentimentos e, por isso, capazes de reproduzir o que estava mais próximo do pensamento e da emoção. Apegadas à memória coletiva e aos registros históricos, traziam elas consigo o estigma da perpetuação. Reproduziam, com volúpia, conceitos, temas, mentalidades humanas. Favoreciam o alargamento do mundo das ideias, propiciando num átimo a sua revelação.

Aquele sentimento enfim de que, por existirem as palavras, o nosso pensamento autoriza-se a atingir raras culminâncias. E empenha-se ainda para que a emoção expresse um estado comum a todos os homens.

Com pertinácia, noite e dia, mestre Aurélio persegue o mundo aparentemente inanimado e abstrato dos vocábulos, no afã de defini-los. Sua polida sensibilidade amola, afia, esmerilha as palavras. Conciso, descreve-as legitimando as suas acepções. Sem perder de vista a superfície poética, a vizinhança do humano que as palavras aportam no seu bojo. Espécie de criaturas com as quais engendramos intrigas e fazemos amor.

O PRESUMÍVEL CORAÇÃO DA AMÉRICA

Na feitura do *Novo Dicionário da Língua Portuguesa*, que se enfileira, em importância, ao lado dos Oxford, Larousse, Webster, Zincarelli, do *Diccionário* da Real Academia Española, transita Mestre Aurélio pelos secretos escaninhos do idioma. Para tanto, habitando o silêncio, a penumbra, a cerração, a névoa, as pautas musicais de cada vocábulo. Conferindo-lhe luminosidade e reverberação.

E para que o *Novo Dicionário Aurélio* pudesse ser — o que hoje é de fato — a feliz recolha do rosto brasileiro, o mestre não ensurdeceu aos apelos do idioma, que lhe chegavam por meio de escritores, marginais, políticos, rufiões e festas populares, que lhe ressoavam na lembrança. Com segurança, o mestre abriga no seu dicionário a insolência do idioma, a escatologia que o mesmo comporta.

Enquanto compila os estados oficiais da língua, sua natural saturação — tanto lexical como semântica —, atende igualmente às camadas interditas que, embora banidas na aparência, forram e dão consistência à nossa obscura alma, ao nosso voluntarioso e intransigente desejo.

Esforça-se o mestre por não assumir compromissos com a moral de salão, imposições teológicas, hierárquicas. Inclina-se, com os seus registros, ante a insolvência das instituições políticas e sociais. A palavra é uma chibata à disposição de quem a reclama.

Mestre Aurélio decide absorver a gíria que quase não difere fonética, morfológica e sintaticamente da língua ordinária. Ele reconhece que a gíria, fazendo uso de procedimento astuto, dissemina-se pelo corpo social de forma a abandonar a esfera grupal na qual foi concebida. Assim, o que no princípio era matéria dos iniciados, tratou o *Novo Dicionário Aurélio* de acolher. Pois que essas gírias tinham a função de cobrir vazios, de expor sentimentos inusitados, de radiografar mazelas típicas de uma época.

Por sua origem popular, Aurélio Buarque de Holanda mostrava-se sensível a tais rogos. Dizia-lhe a intuição qual palavra precisamente teria força persuasiva diante dos contemporâneos, para não vir a ser expulsa da cidade do verbo.

Portanto, mais do que operar com os preceitos do idioma, sabia ele que o coração orientador dessa mesma língua pulsava nas ruas, nas praças, especialmente dentro dos textos de criação. Em seus escritores, cujas frases, às vezes, em inspirada síntese, captavam o espírito de uma sociedade.

Na poesia dos longos anos do Mestre Aurélio, ele lutava com denodo e sacrifício pessoal pela sobrevida de cada termo, tendo ao lado a sua equipe de trabalho: Marina, a mulher, Margarida dos Anjos, Elza Tavares Ferreira, Stella Moutinho, Joaquim Campello. Um homem, sem dúvida, fiel e sensível à expressividade que emana das locuções, aos ruídos que as palavras fazem em marcha forçada para reter as realidades humanas. Que nenhum pesar, júbilo, secretos fluidos fiquem sem batismo, conheçam o desterro.

Eis o mistério da fé transfigurado em palavras que escoram a alma popular, a relíquia da memória. Palavras nascidas em algum rincão descuidado, de um Brasil sem fim — reforçadas, porém, nos presépios, nas casas de tapera, sem luz. Centrífuga, aliciante rodamoinho, a palavra vence o tempo, consome gerações em sua impiedosa máquina semântica.

O PRESUMÍVEL CORAÇÃO DA AMÉRICA

Afinal publicado em 1974, pela editora Nova Fronteira, o *Novo Dicionário Aurélio* torna-se um tesouro léxico, faz de Mestre Aurélio legenda viva do seu tempo. Decerto livro essencial da nossa cultura, contempla ele extensamente, com seu sentido aglutinador, a dicção engenhosa e autônoma de cada região. Fala-nos, esse poderoso livro, de um país vigente, de voz sonora, e a cuja acústica devemos as límpidas badaladas que nos chegam do mais longínquo carrilhão. Como se por intermédio desse dicionário nos forçássemos de novo a mapear o Brasil. E, por meio dele, ainda prosseguíssemos a auscultar aquelas realidades gestadas pela nossa insaciável urgência de expressar o mundo e a natureza humana.

Aqui estamos, Mestre Aurélio e eu, repartindo essa cadeira nº 30. Neste 3 de maio de 1990, em que cumpriria ele 80 anos. Juntos, recolho agora sua sombra, sua cálida memória, para trazê-la a mim sempre que nesta casa eu estiver. O destino, afortunado, une-nos a partir de hoje.

Juntam-se a nós, formando cortejo, outros antecessores. Os mortos, quando respeitosamente convocados, reassumem formas de outrora e acatam as novas que lhes atribuímos, como preito de saudade. Fazem-se, de repente, jovens. E seus rostos, tocados pela graça, arfam, entre nós, delicados, livres de sobressalto.

Em cada canto vejo Machado, Nabuco, tantos outros. A vida não teve poder de apagá-los de uma casa que sempre lhes pertenceu. Observo ainda Pedro Rabelo, ilustre fundador dessa cadeira, que teve Pardal Mallet como patrono. Sucedido por Heráclito Graça, filólogo e estudioso dos clássicos portugueses. Um beneditino nos estudos vernáculos, no dizer de Antônio Austregésilo, seu imediato sucessor. E que, por sua vez, mereceu de Mestre Aurélio, em 1961, ao herdar-lhe a cadeira, oração de sincero louvor. Antônio Austregésilo ganhou notoriedade como humanista de estirpe, escritor, fino retratista, entre outros de Tobias Barreto. Sobretudo como emérito professor, médico, uma mente centrada na ciência. Aliás, todos os ocupantes dessa cadeira nº 30 deixaram-se subjugar pela magia da língua portuguesa.

Chego à Academia Brasileira de Letras trazida inicialmente pela paixão da linguagem e pela fidelidade à imaginação, esse território pelo qual transita a liberdade. Nessa jornada me secundam companheiros de ofício, amigos, familiares, rostos que vi de relance e jamais pude esquecer. O meu coração sobretudo contrai-se agradecido à minha mãe Carmen, a melhor amiga, o mais nobre e dadivoso guia.

Aos senhores membros dessa Academia, que me acolheram com generosidade quando lhes bati à porta pela primeira vez, declaro-me sinceramente honrada. A essa casa cheguei não tangida pelas glórias que jamais consolam, quando tanto nos falta ainda por fazer. Vim em busca, sim, do convívio enriquecedor, do ensejo único de privar com a preciosa memória que emana dessa histórica instituição.

Sei bem que a vida nos regala sentimentos de transcrição penosa. Sob a égide, contudo, dessas emoções, quantas delas sem nome, reunimo-nos aqui agora, trazidos pelo consolo das nossas discretas crenças. Certos, porém, de que enquanto formos capazes de honrar a modesta aliança que até em meio às trevas estabelecemos com os nossos respectivos sonhos, terá valido, para nós, essa viagem que cada qual iniciou na fonte mesmo da sua origem.

Uma viagem que nos leva a buscar, aflitos e solitários, as provas do amor humano. Esse amor que, embora revestido de mil máscaras, nos chega sob a guarda da comoção. E é ele — signo maior da nossa augusta humanidade, que ora invocamos, para que o seu cetro e manto nos cubram nesse momento, quando, comovidos e expectantes, veneramos todos a língua portuguesa, irmanados uma vez mais em torno desse país chamado Brasil.

Em 12 de dezembro de 1996, às 17h, no Salão Nobre do Petit Trianon, Rio de Janeiro, o acadêmico Barbosa Lima Sobrinho, deão da Academia Brasileira de Letras, deu posse como presidente da Academia para o exercício de 1997, ano do I Centenário da Instituição, à acadêmica Nélida Piñon, que, em seguida, proferiu o discurso "Memória da viagem".

A mesa da solenidade foi composta pela presidente da Academia, Nélida Piñon; pelo acadêmico Barbosa Lima Sobrinho; por Leonel Kaz, secretário de Cultura do Estado do Rio de Janeiro; por Dom Augusto Zini, bispo auxiliar do Rio de Janeiro, representando Dom Eugênio Salles; pelo acadêmico Josué Montello; pelo Dr. Rubem David Azulay, presidente da Academia Nacional de Medicina, e pelo acadêmico Arnaldo Niskier, secretário-geral. A nova diretoria é constituída pelos acadêmicos Arnaldo Niskier, Antônio Callado, Sábato Magaldi e Alberto Venâncio Filho.

Memória da viagem

A viagem é longa e não faz falta que eu lhes diga como começou. Afinal, os percalços de qualquer trajetória humana fazem parte de um enredo eminentemente secreto. De uma experiência pronta a desfazer-se ou a naufragar no anonimato — sem a luminosa proteção da fina tessitura da arte.

Para anunciar os vestígios, pois, de uma vida, ainda que seja da tribuna, do púlpito, há que harmonizá-los com a vertigem da arte narrativa, que tem recursos suficientes para revelar os traços biográficos sem apagá-los ou banalizá-los. Para extrair, enfim, da alma aqueles fios que favorecem as regiões esquecidas, negligenciadas.

A minha sorte, e a dos que aqui estão presentes, repousa essencialmente na eloquência com que sonhamos, no esforço com que erigimos a casa, qualquer casa, que sirva de abrigo às nossas aventuras.

Por onde caminhamos, fomos deixando pegadas que o tempo, quantas vezes acusado de algoz, outras de justo, tudo fez para apagar. Como se a exuberância de qualquer história merecesse perder-se em meio às demais. De modo que de nós sobrem apenas os atos discretos e a esperança de sermos um dia, não muito distante, a memória que um distraído vizinho trará de volta à vida.

A verdade é que, perdida nesse mar de sargaços, há muitos anos iniciei a viagem que me traz hoje a esse salão nobre. Uma viagem feita, entre outros tropeços, de vontade individual, de coincidências coletivas, de acasos que certos deuses, afetados pela passagem do tempo, incumbem-se de decifrar. Feita também do desejo que me levou a explorar os escaninhos, a acercar-me das caixas lacradas onde o mistério humano, sempre precariamente encarnado, depositou, à minha revelia, certos manuscritos.

Graças, porém, a esses palimpsestos, a cuja leitura jamais tive acesso, mas onde decerto a vida e a arte se bifurcam, aqui estou para receber os desígnios da presidência dessa ilustre Academia Brasileira de Letras. Uma distinção que seus ilustres membros me concedem e que tanto me honra.

Uma honra, contudo, que se reparte com o passado brasileiro, com seres e fatos que permeiam ainda agora a história dessa augusta instituição, enquanto impõe-nos o convívio com a memória. Seguidas evocações que, relativizando o impacto da história e o furor do esquecimento, ensinam-nos a acatar as simetrias que governam os habitantes dessa casa. O reconhecimento de que acima do debate circunscrito às correntes estéticas, aos preceitos linguísticos, às especulações políticas, filosóficas, teológicas que cada qual de nós encarna ou defende, une-nos a convicção de sermos herdeiros do legado dessa casa. Uma instituição sobre a qual paira a inabalável crença de que é forçoso preservar, enriquecer a amada língua portuguesa. Para que, por meio sempre do seu intenso uso, jamais se esgarce o tecido dos sentimentos brasileiros, as razões profundas do nosso ser nacional.

Guardo, desde menina, irrestrita fidelidade ao destino da escritura. Apraz-me proclamar, sem pressa ou arrogância, que sou filha dos livros e da imaginação. E que, a despeito da eterna vigília que perturba o coração dos homens, confio nas atribuições e na soberania da arte. Na perenidade do escritor, aquele nostálgico rapsodo que teima em captar os ruídos dos estertores humanos.

Como todos os ilustres confrades, também cheguei à Academia Brasileira de Letras trazida pelo instinto da arte. Essa arte que, cúmplice do desejo coletivo, mobiliza cada ser humano. E me revesti da condição de escritora para melhor combinar a arte literária com a apologia da consciência individual e coletiva. São os reclamos humanos que concedem à literatura a proteção do saber, o arrimo da compaixão e da piedade.

Assim, onde esteja, em especial desta tribuna, confesso acreditar na aventura humana, no direito que nos assiste de exaltar, por meio da narrativa, essa enigmática viagem que encetamos todos em direção ao centro de nós mesmos. Na busca permanente da residência dos nossos alentos.

Uma narrativa que se ampara, e apura-se, no ato ou no ofício de revelar os homens e a sociedade em que habitamos. Delicado e incerto ofício que conta apenas com a palavra, arma que fere, decepciona, exalta, pensa, surpreende — com a palavra, repito, para iluminar os desvãos da realidade. Graças à palavra, contudo, costuramos os atos humanos e acreditamos na força restauradora do espírito, tão presentes, e sempre reabilitados nessa casa de Machado de Assis.

No cotidiano, aliás, dessa casa, fora e dentro dela, resguardamos o mistério da arte, preservamos o engenho da língua que os homens inventam e refazem em obediência à sua vontade. E sob que forma apresente-se o cotidiano brasileiro, decerto é coral, insubordinado, ressurrecto, inquietante, mas ajustado às carências humanas. Subsiste ele em nós pelo vigor com que há um século passa pelo filtro da nossa memória, da nossa reflexão. Desde o nascedouro dessa instituição, empenhamo-nos para que o passado, sobras inextinguíveis do presente, não se atomize ao largo da construção das instâncias civilizatórias brasileiras.

A cultura, para a Academia Brasileira de Letras, tem sido uma paixão diária. Entre suas paredes ecoa a benfazeja divergência dos postulados estéticos e ideológicos. Estamos cientes de que a cultura capta os instantes dos homens. Uma cultura que não se cristaliza e desafia cada geração com o caos da riqueza e a exuberância do pensamento. A cultura está entre os homens para semear a discórdia, o fluxo das emoções desmedidas mas reveladoras. Habita o homem e extrai-lhe o avesso, suas crateras, o rosto frontal. Não emudece, não recua, não se esconde. Simplesmente tece as intrigas que enlaçam os homens irremediavelmente e que facilitam, embora de modo fugaz, o mútuo reconhecimento.

Vivemos, nessa casa, sob o regime da memória. Uma memória que não se deixa abater pelas tentações do esquecimento, não se curva ao comando de que é necessário apagar as lembranças inaugurais a pretexto de erigir discursos triunfalistas, impregnados de inovações transitórias. Não cede à lenta erosão dos dias. Recordar é, para nós, o atributo da sobrevivência moral, sobretudo diante de uma sociedade em ebulição, sob o risco de dispensar registros, emblemas, galardões civilizatórios.

Por força dessa irrepreensível vocação para memorizar o mundo, a trajetória da Academia Brasileira de Letras confunde-se com a história do Brasil. Onde encontra-se essa casa, o Brasil está sempre presente. Coincidimos em múltiplas instâncias. A profunda arqueologia brasileira, que deixa à mostra comoventes camadas de enredos humanos, jamais nos faltou. A história da nossa história colaborou em definitivo para fixar as pautas cardinais do nosso espírito.

Assumo, pois, essa presidência sob o resguardo da honra, do trabalho, da vida comunitária. Pesa sobre mim, nesses instantes, o aviso de que responderei, junto com essa diretoria, e em estreita aliança com todos os acadêmicos, pelo difícil e digno dever de conduzir um ano em que celebramos, no dia 20 de julho, o nosso I Centenário. Uma data de emancipação do nosso espírito, da sabedoria nacional.

Alivia-me saber que fui precedida nessa casa por notáveis presidentes, com menções especiais para Machado de Assis e Afrânio Peixoto, que impuseram aos seus sucessores uma conduta irrepreensível na condução dos destinos desta instituição. Agindo com probidade, espírito público, estavam convencidos de que, à frente da Academia Brasileira de Letras, defendiam a unidade da língua, as manifestações literárias do Brasil e os desvãos da civilização brasileira.

Desde a fundação dessa instituição, em 1897, somos, e fomos, 251 membros efetivos. Cada qual identificado com as agruras e inquietações de suas respectivas épocas. Todos deixando atrás uma esteira de valiosas contribuições culturais. Por isso cabe-nos indagar o que seria de nós, brasileiros, se não tivessem eles existido, povoado essa nação de esperanças de virmos a ser um dia a república dos sonhos. Pois como imaginar o Brasil sem eles! Que matéria utópica apresentaríamos a nós, e aos nossos filhos, se não pronunciássemos hoje os seus nomes em voz alta? Se não lhes oferecêssemos o panteão do mérito? Que língua falaríamos se não tivessem eles existido? Como pleitear orgulho, ilusão, futuro, símbolos da pátria da alma, se não estiverem eles à nossa frente, ajudando-nos a escorar o Brasil, que é a nossa maior invenção coletiva?

E não é verdade que, se pronunciar agora o nome de Machado de Assis, Joaquim Nabuco, Euclides da Cunha, Rui Barbosa, Guimarães Rosa, entre tantos outros, todos nessa sala responderão presente!

Ou se evocar a memória do presidente Austregésilo de Athayde, nela não reconhecemos todos a liga poderosa da nossa comunidade de espíritos?

Ou se volto o meu olhar para Josué Montello, o nosso decano, não saberemos todos que entre nós está aquele que defendeu e defenderá essa Academia das corrosões do tempo guardando em si, em sua própria memória, a memória mesma dessa instituição?

Quisera ainda celebrar aquele que me precedeu nessa presidência, Antônio Houaiss, buscando em nosso idioma palavras amigas para dizer-lhe a nossa gratidão. Nesse idioma que tem nele o companheiro inseparável, o enamorado cultor, depositário dos seus caminhos futuros.

Sou, pois, herdeira do precioso legado de Austregésilo de Athayde, de Josué Montello, de Antônio Houaiss. Devo a esses mestres o agradecimento e as lições perenes.

Essa casa, no seu centenário, em consonância com seu papel aglutinador da consciência intelectual do país, ambiciona reforçar seus vínculos com instituições brasileiras, em particular com as Academias Federativas, que, ao longo da história, foram salvaguardas, em seus estados, da cultura normativa, nem sempre estimulada. Por meio delas, dos intelectuais brasileiros de regiões díspares, precisamos forçar o Brasil a conhecer-se, abolindo a rigidez hierárquica e as avaliações apressadas. Que aqui encontrem acolhida os estratos sociais até então alheios à vida acadêmica, convergindo para essa casa as evidências, os antagonismos culturais, com os quais nos seja dado esboçar o renovado retrato do Brasil. Apontar a má distribuição de renda cultural, ousar olhar de perto o espelho e as deformações da história. O que se reflete nessa superfície, por sinal, diz respeito ao frontispício dessa Academia.

Nessa diretoria, composta por tantos ilustres acadêmicos e pelos demais membros dessa casa, prevalece o irrepreensível zelo pela língua, que nos desafia à autoria de um novo *Dicionário*. Zelo pelo rigor orçamentário, pelo acervo patrimonial, pela biblioteca e arquivo, ambos a caminho da imediata informatização. Zelo pela *Revista Brasileira*, pelos *Anais*, pelas publicações, pelo banco de dados, todos a servir de ponte entre tradições centenárias e os apelos do futuro.

Todos juntos querem celebrar esse centenário em sintonia com a sociedade. Do mesmo modo pelo qual resistimos às intempéries históricas, ocupando as nossas cadeiras com uma plêiade de criadores e expoentes, devemos auscultar, sempre mais, o que a cultura brasileira forjou de mais expressivo.

Quando Machado de Assis, no seu discurso inaugural, confessa que os moços inspiraram a fundação dessa Academia, ouso repetir, cem anos mais tarde, que é momento de reduzir a distância que separa os jovens das instituições que os precederam no tempo, forjaram a cidadania. Afinal, a modernidade atribuída aos jovens, não sendo excludente, deve rastrear a sua genealogia, de onde provêm os subsídios profundos de uma nação. Convém lembrar-lhes que entre nós se abriga um patrimônio intelectual que pertence à nação brasileira. É momento, pois, de frequentarem de novo essa casa, de reviverem simbolicamente, junto a nós, outra Semana de Arte Moderna. Poucas coisas são hoje tão brasileiras quanto essa instituição. Forcem, pois, a passagem, batam à porta. Ela está aberta. Hão de recebê-los vivos e mortos.

Recentemente, no México, revelei que o Brasil era minha morada e que eu tinha gosto em servir à literatura com memória e corpo de mulher. E que narrava por ser a minha memória a memória coletiva da minha espécie feminina. Uma memória remota, que esteve presente ao longo da dolorosa peregrinação humana pela terra. Memória que cuidou da história, protegeu os mitos que aquecem as salas, irrigam a imaginação, as lendas, a poesia. De tudo, enfim, que ajudou a suavizar a solidão do homem.

Na pessoa da minha mãe, Carmen Piñon, início da minha viagem, presto tributo a essa memória arcaica.

É como mulher, escritora, cidadã brasileira que hoje, com a ajuda de Deus, dos brasileiros amantes das causas nobres, dos membros dessa casa que, libertos de preconceitos, confiaram na minha condição feminina, assumo, comovida, a presidência da Academia Brasileira de Letras.

Muito obrigada.

Em 15 de abril de 1997, o Senado Federal prestou uma homenagem à Academia Brasileira de Letras, a propósito de seu I Centenário.

O presidente do Senado, senador Antônio Carlos Magalhães, convidou para compor a mesa o acadêmico e senador José Sarney, os senadores Joel de Hollanda, Ney Suassuna, Ronaldo Cunha Lima e a presidente da Academia, Nélida Piñon.

Os proponentes dessa homenagem foram os senadores Gilberto Miranda e Joel de Hollanda, cabendo ao último fazer a saudação. Em seguida, a presidente da ABL proferiu seu discurso, agradecendo a homenagem. Por fim, o Presidente Antônio Carlos Magalhães falou realçando a importância da instituição no universo cultural do Brasil.

Estiveram presentes à cerimônia, realizada em Brasília, os acadêmicos Nélida Piñon, Arnaldo Niskier, José Sarney, Eduardo Portella, Marcos Vinicius Vilaça, Carlos Nejar, Oscar Dias Corrêa, Cândido Mendes de Almeida, Dias Gomes, Ivo Pitanguy, Alberto Venâncio Filho e Tarcísio Padilha.

O novo Senado

O Senado é também a morada do Brasil. A casa da lei, das leis dos homens. Aquelas leis que as carências sociais, o senso de justiça, o aperfeiçoamento do espírito, o sonho intransigente, os impulsos utópicos ditam em defesa de um humanismo sempre ameaçado, sempre renovado.

Cada lei promulgada nesse solo sagrado ganha naturalmente o espaço da pátria, ecoa pelo coração da rua e dos campos, busca com insistência a inspiração popular. Traz em seu bojo uma sanção soberana. Sem a nobre matéria do humano, esvazia-se o reservatório da cidadania, da esperança, da ilusão da unidade nacional.

Bem sei, como todos, que o Senado Federal, onde estamos hoje generosamente alojados, é a cúpula do regime. Aqui se encontra o verdadeiro equilíbrio da Federação. Para aqui conflui a representatividade de cada estado brasileiro. Quem somos, como somos — há que buscar a resposta nesta Casa. Nenhuma porção da psique brasileira exclui-se desse lugar. Aqui se sentam, em pé de igualdade, todos os brasileiros. Cada estado, com o mesmo número de senadores, é igual às vistas da Federação, sempre tão sonhada.

Na condição, pois, de cidadã, de brasileira, de escritora, apresento-me a essa tribuna. Trago-lhe, em nome de todos os acadêmicos, o espírito centenário da Academia Brasileira de Letras, que ora presido.

Uma Academia fundada no nascedouro da República, sob os percalços da transição de regime, e que, após superar a marcha do tempo, desemboca hoje no Senado para selar esse encontro histórico.

Senhores senadores, nascemos em 1897, em dia em que não sei chuvoso, sob a égide da pobreza, do sonho, da juventude. Da inabalável convicção de que o Brasil de então merecia um panteão consagrado à língua, à unidade literária do gênio brasileiro. Do talento criativo do Brasil.

Ao longo das décadas nossa Academia fortaleceu-se à medida que instituições como o Senado Federal se robusteciam. E como, aliás, imaginar o contrário, conceber um cenário em que a nossa casa predominasse solitária em meio às ruínas institucionais? Sob a custódia do fracasso da representatividade nacional?

Sempre acreditamos que a identidade cultural que se concentra na Academia, com rara densidade, encontra no augusto Senado da República sua ressonância, e de todos os homens. Afinal somos feitos da mesma argamassa. O Senado e a Academia representam, sem dúvida, o que o Brasil engendrou de mais significativo enquanto forjava sua trajetória. A história, que guarda os fatos sem pretensão de esquecê-los, não nos perdoaria haver fraudado o desejo popular, o alento que nos foi delegado.

O PRESUMÍVEL CORAÇÃO DA AMÉRICA

Nessa oportunidade, convém rememorar nossas origens, tecer entre nós as coincidências, buscar analogias, identificar os sonhos partilhados. Decerto somos filhos de interminável enredo nacional, cujo epílogo, sempre postergado, redigiremos juntos. Pois, fora e longe dessa edificação, somos todos intransigentes defensores da memória e usuários incondicionais da mesma língua. Dessa espúria língua lusa engendrada pela privação, pelo vazio, pelo encantamento, pela subtração do antigo a pretexto do novo, pela ânsia de designar o que ocupa as regiões humanas e forma nosso inesgotável mistério.

SENHORAS E SENHORES SENADORES,

Falamos a mesma língua, tangidos todos pelos mesmos ambíguos e duradouros sentimentos. Portanto, a retórica que no Senado sustentou, alimentou, inflamou as grandes causas brasileiras, sempre encontrou eco linguístico nos diversos centros de criação literária, não estando a salvo naturalmente a Academia. A oratória, de que o Senado sempre se orgulhou, é a arte da incandescência, da palavra ígnea, da flama que se lança ao espaço sem medo, sempre generosa. Como um equilibrista que na corda esticada debruça-se sobre o abismo na tentativa de lhe medir a irresistível fundura.

Essa mesma retórica que, sustentada por tantas mentes privilegiadas dessa casa, revestiu-se de uma imagística oriunda igualmente do profundo substrato brasileiro. Esteve ativamente presente nas horas mais angustiantes da

República, quando de seus lances dramáticos. Dessa oratória, ora íntima, seca, ora com a eloquência da epopeia, surgiram contudo a palavra de ordem, a predileção pela prudência. Uma matéria que igual se apresentou à Academia Brasileira de Letras, para que juntos, espelho um do outro, fôssemos paladinos das causas que dizem respeito aos interesses da Nação.

Ao celebrar neste dia 15 de abril de 1997 o Centenário da Academia Brasileira de Letras, o Senado Federal, vanguarda e tradição combinadas, incorpora-se à nossa instituição como um membro vitalício. Sem que se estranhe a irmandade agora proclamada. Afinal, o Senado esteve sempre presente à vida da Academia. Não só por meio das eminentes figuras que pertenceram ao mesmo tempo às duas instituições, mas pelo apoio político e cultural que o Senado nunca negou à Academia. Foram aliás esses brasileiros, revestidos de dupla função, que, ao levar a frase lapidar, pronunciada nessa tribuna com gênio e ritmo narrativo, até a Casa de Machado de Assis que certamente retomaram a sentença de inspiração senatorial para adicionar-lhe outras versões, emanadas todas da mesma fonte criativa, da mesma substância moral.

A palavra de Rui Barbosa, por exemplo, que tanto norteou a vida do Brasil, a ponto de ecoar agora e sempre nas nossas consciências, emergiu ao mesmo tempo cristalina e poderosa na tribuna do Senado e no pódio da Academia. O genial tribuno, havendo sido senador e presidente da nossa casa, às duas instituições conferiu ilimitada honra.

Outros senadores e acadêmicos, igualmente eméritos e notáveis, enlaçam nossos fados. Aqui despontam com

O PRESUMÍVEL CORAÇÃO DA AMÉRICA

emoção os nomes de João Luís Alves, Roberto Simonsen, Lauro Müller, Octávio Mangabeira, Getúlio Vargas, José Américo de Almeida, Gilberto Amado, Luís Viana Filho, Afonso Arinos. E Darcy Ribeiro, que, com tanto pesar, recentemente nos deixou.

Nossa Academia orgulha-se de ser também representada nessa instituição pelo acadêmico José Sarney, até há bem pouco presidente do Senado. E, há apenas alguns anos, já membro ilustre da nossa casa, presidente da República.

Nossas respectivas memórias exigem, pois, o testemunho desse reconhecimento público. A evocação de fragmentos que bem justificam a viagem nossa a essa casa, onde sempre estivemos.

O Senado e a Academia chegam ao limiar do novo século laureados por intensa história. À sombra da geografia pátria, epicentro da nossa alma coletiva, a Academia Brasileira de Letras destaca partes da sua biografia e empenha-se em entrelaçá-la com a história mesma do Senado Federal.

Entre o Senado e a Academia há semelhanças. O Senado da República sempre foi ambiente em que se amortizaram os inevitáveis choques provenientes da prática democrática. A Academia, por sua vez, assimilando tantas lições de Aristóteles e da fonte mesma da vida, soube, à perfeição, conciliar no seu seio contrários, antagonismos, discrepâncias políticas e estéticas. Para que, imbuídos os senhores e nós do espírito das respectivas instituições, fôssemos, quando há que ser, unicamente senadores e acadêmicos. A qualquer custo evitando os expurgos que trazem em si a marca dos regimes autoritários, inimigos da liberdade e da imaginação.

Convém, nesse momento, seguirmos rememorando a história. Retomar o fio narrativo de Machado de Assis, quando evoca visita feita outrora ao Velho Senado, em 1860, quando jovem repórter. Nessa crônica, Machado decide reverenciar o Senado do Império, graças às litografias de Sisson, que lhe surgem ao acaso. Circunscrito ao engenho da arte, e às artimanhas armadas à sua revelia, mergulha ele, sob o prestígio memorialístico dessas gravuras, no passado brasileiro.

E, com o intuito de justificar seu intento e tratar de ser perdoado por se exceder nos pormenores, ele sentencia: "É vício de memória velha." Quem sabe "cousas idas".

O fato é que nada é tão contemporâneo, para senadores e acadêmicos, que seguir o cronista a reconstituir o Senado de outrora, ensejando-nos, por meio do seu poder verbal, tentadora possibilidade de fundir os dois Senados, o do Império, de 1860, e o da República, deste ano da graça de 1997, em um só monumento cívico. Para tanto não fazendo falta dizer que dessas considerações machadianas nasceu um dos mais belos textos da nossa língua. Entre outras razões, porque Machado, com justeza e fina ironia, aporta-nos a pujança do Senado, então, e agora, na vida da Nação. E consente ainda que perpetuemos, por meio do seu gênio, a reverente instituição e a perspicácia do talento brasileiro.

Os senadores de Machado, sucedidos pelos senadores que ora se apresentam nessa legislatura, continuam ainda hoje presentes nessa casa, do mesmo modo que o grande escritor, por estranha regência, segue nos presidindo com sua obra. De modo que os atuais senadores da República construam a memória do futuro, como os senadores do passado sedimentaram as bases da memória pretérita.

Essa casa, porém, contrária à do Império, ajustou-se à modernidade democrática. Há muito aboliu o *"lápis fatídico"* com que o imperador, consagrando a vitaliciedade dos cargos de senador, indicava a gosto quem devia ocupar uma cadeira senatorial.

Também nós, na Academia, em obediência ao espírito federativo que preside o Senado, só usamos o lápis para o registro das ocorrências humanas. Sem ânimo de vetar, tão somente ambicionamos que a perenidade dos homens e das coisas se faça sob o regime da arte, da reflexão, dos méritos pessoais.

Mas são tempos aqueles que deram fundamento às nossas respectivas histórias. E confirmam que trazemos na alma, e na língua, os traços determinados pela nossa civilização.

Essa civilização que, emergindo de tantas e múltiplas heranças, amalgamou etnias, conceitos, sonhos, ilusões e imaginários. E que, ao olhar para trás, pode bem examinar o predomínio em nós do engenho da invenção. Da capacidade de instaurar, a partir mesmo do universo da carência, princípios que asseguram fé no futuro. A rara habilidade de regenerar os estados humanos que a realidade, tão dramática, teima em golpear.

O Brasil, que o Senado esplendidamente representa, e que a Academia secunda e custodia, é um país que, a despeito de exames categóricos e radicais que lhe apliquem, não aceita a dissolução das suas notáveis matrizes, respaldos do seu temperamento social.

Sobre essa superfície brasileira, que não se desmembrou, contrária à história ocorrida à América Latina, se dá uma civilização que, apesar de seus desumanos embargos, pretéritos e contemporâneos, suas clamorosas injustiças, deve ser examinada, exaltada.

Nesse país operou-se o milagre da língua. Soubemos preservar na integridade o estado da língua, precursor do estado do direito. Sem essa língua, não se habilitaria o homem a alçar a alma para o alto e tecer as quimeras. A língua portuguesa, tão maltratada nesse Brasil contemporâneo e fugaz, é o maior legado da Nação, e na intransigente defesa de seu uso, pleno e fecundo, deve o Senado Federal, com sua autoridade de Casa Maior do Legislativo, bater-se. A globalização do mundo, como quer que se faça, não deve extrair porções relevantes da identidade coletiva. Não pode lesar a soberania da língua. Roubar-lhe o fulgor, o portentoso brilho.

A Academia Brasileira de Letras, ciente do peso histórico desse encontro, como guardiã do idioma português, reassume, nessa tribuna, o compromisso, contraído há cem anos, de proteger a língua lusa. A língua do Brasil. A língua do Senado. A língua dos direitos humanos. A língua do amor e dos sentidos secretos. A língua que discute Deus. A língua que constrói o edifício da arte. A língua que, associada à ilusão, embrenha-se pelo futuro. A língua das crianças, dos anciãos, dos que se encontram nessa sala e fora dela. A língua dos ancestrais. A língua sem a qual deixaremos de existir como Nação. Para sermos simples tarifa, *prime rate*, déficit público, orçamento e o mais que a economia toma como epicentro do homem, como primado da razão.

O PRESUMÍVEL CORAÇÃO DA AMÉRICA

Essa sessão no Senado da República é uma festa cívica para a Academia Brasileira de Letras, para a totalidade de seus membros. E permitam que eu aqui destaque a presença de alguns dos ilustres acadêmicos nesse augusto plenário: José Sarney, Eduardo Portella, Arnaldo Niskier, Marcos Vinicius Vilaça, Carlos Nejar, Oscar Dias Corrêa, Cândido Mendes de Almeida, Dias Gomes, Ivo Pitanguy, Alberto Venâncio Filho, Tarcísio Padilha.

Um momento, sim, de raro júbilo para os cultores da língua, para os cúmplices do livro e da palavra. Hóspedes do senado Federal, nós, acadêmicos, agradecemos, comovidos, ao presidente do Senado, senador Antônio Carlos Magalhães, ao senador Joel de Hollanda, aos membros da mesa, aos demais senadores dessa Casa Maior, às autoridades e aos amigos a homenagem que prestam ao I Centenário da Academia Brasileira de Letras.

Estou certa de que semelhante iniciativa pertence de fato ao Brasil. Há cem anos nossa instituição integra-se ao imaginário brasileiro, fala em seu nome, registra-lhe a memória, os feitos, e abençoa o transcurso da arte e da língua.

Muito obrigada.

Por ocasião do I Centenário da Academia Brasileira de Letras, a Academia Nacional de Medicina prestou-lhe uma homenagem em solenidade realizada em 10 de julho de 1997, em sua sede no Rio de Janeiro.

Estiveram presentes os acadêmicos Josué Montello, Antônio Houaiss, Arnaldo Niskier, Marcos Almir Madeira, Ivo Pitanguy, Evaristo de Moraes Filho, Lêdo Ivo, Sérgio Paulo Rouanet, Tarcísio Padilha, Cândido Mendes e Alberto Venâncio Filho.

Seu presidente, o Dr. Rubem David Azulay, ofertou uma placa comemorativa alusiva à data à presidente da ABL, a acadêmica Nélida Piñon, que, em agradecimento, proferiu seu discurso.

Territórios vizinhos

Habitamos territórios vizinhos. Ciência e criação são portas contíguas dando acesso ao horizonte sempre esquivo do mistério humano.

Temos também em comum a persistência em desvendá-lo. Esse mistério que nos cega à medida que insistimos em lhe bater à porta. E que nos impulsiona, contudo, a estabelecer parceria com ele, em busca da matéria da qual emergem o princípio da vida, o fogo do alento. Um princípio muito acima da compreensão científica, do empenho teológico, da desmedida imaginação humana.

São muitas as similitudes que nos enlaçam. Para conhecê-las, é mister seguir as pegadas que fomos deixando ao acaso da história. Elas têm nomes, fundamentos, enredos, vinculam-se às mais caras utopias.

Sob a tutela de tantas afinidades, que me seja dado homenagear nesse momento a aventura do espírito que há muito preside a Academia Nacional de Medicina. Uma instituição que tem sabido conjugar o saber consagrado, e o conhecimento ainda por se fazer, com rara pertinácia. Uma postura intelectual que bem justifica o elogio que lhes faço, quando recolho, comovida, a homenagem que essa casa presta à Academia Brasileira de Letras.

Uma celebração que tem sua razão de ser no fato de estarmos cumprindo nosso I Centenário. Exatamente cem anos de marcante presença na alma do Brasil. Uma homenagem provinda de mãos tão experimentadas quanto as vossas na investigação da dor, do prazer, da compaixão. Nas manifestações do humano que passam, porém, pelos caminhos incontornáveis da criação.

Nossas academias têm ainda em comum pertencer a uma estirpe de instituições que, por muitos anos, sustentaram a civilização brasileira. Pilares da vida social e cultural, imprimiram ao cotidiano do país as marcas dos seus sonhos, da suas inquietudes, tratando de incorporar às suas matrizes o que, fora delas, parecia marginal, merecedor de amplo resgate social e cultural.

Convictas, ambas as Academias, de que somente tradição e memória, legados dos nossos predecessores e referências vivas, podem de fato assegurar a continuidade da esperança e dos gestos inventivos. Sobretudo da imaginação, quando posta a serviço da prosperidade do coração e da inteligência.

Semelhantes estatutos são, e serão sempre, o melhor fundamento sobre o qual construir os interrogantes do futuro. Isso ocorrendo enquanto formos capazes de resistir a uma modernidade que apresenta, como tese de convencimento, seu atrevimento arbitrário, sua reação às diferenças, sua ostentação em face da miséria.

O PRESUMÍVEL CORAÇÃO DA AMÉRICA

A ciência médica tem sido companheira do homem desde tempos imemoriais. Na prática da medicina, misturam-se, aliás, os mais complexos sentimentos. São raros os ofícios que encostam tão de perto na dor dos homens, reconhecem-lhes as aflições, os medos, as lentas agonias.

Vizinho da vida e da morte, e levando acesa na bagagem a sua lanterna, o médico alicia e anima o outro a viver. Empenha-se em trazê-lo à terra, em assegurar-lhe etapas por si inaugurais, como a do crescimento, a da maturidade, a da senectude.

Muitos desses passos, à beira mesmo do vestíbulo da existência, amparam-se na diligência, no engenho, na sua devoção. E induzem-nos esses passos a pensar que o esboço do homem, no horizonte mesmo de sua complexa anatomia, parece seguir a régua, o còmpasso, a imaginação da medicina.

Protagonista da história secreta de um Brasil que se forma à sombra do nascimento e da morte, esse médico, excedendo em muito os limites do ofício, registra as contrações da vida e da dor.

Em seus 150 anos de existência, a Academia Nacional de Medicina vem cumprindo os desígnios de seus fundadores e de seus sucessores. Obrigou-se, em sua inatacável respeitabilidade, a confrontar-se com o desafio da pesquisa, a sustentar seu julgamento sobre as políticas de saúde no país.

A Academia Brasileira de Letras, que aqui represento, alimentou-se, ao longo do último século, dos predicados estéticos e morais sonhados inicialmente pelos jovens que tinham Lúcio de Mendonça à frente. Jovens que nos liberaram a dizer que nascemos líricos, nômades, pobres, mas apaixonadamente comprometidos com a defesa da língua. Esse sistema de sons e de símbolos que, sob o escudo da representação, alcança a eloquência dos homens. Essa língua que, atuando como contraforte, atravessa o Brasil, enriquece-lhe o cotidiano, alarga-lhe a faixa da fantasia, fecunda-lhe a paixão pela liberdade e pelo pensamento.

Tendo à frente Machado de Assis, como presidente, e Joaquim Nabuco, como secretário-geral, nossa instituição foi inaugurada no dia 20 de julho de 1897. Na tribuna, sob o impulso renovador dos moços, um Machado de Assis amadurecido e seus ilustres companheiros acreditaram na excelência daquele ato cosmopolita e universal. Um ato que ganhava especial repercussão por ter Machado de Assis como presidente. Um escritor cuja obra já embrenhara-se definitivamente pelo universal, sem hesitar ele, por isso, em face da história, em devotar espírito e tempo à instituição recém-instalada no Brasil.

Aqueles 40 homens, integrando a nova casa, tinham o instinto da grandeza e da pertinácia. A despeito das vicissitudes, dos desalentos eventuais, propunham-se a alinhar o Brasil na esfera da língua. Havia que despertar na consciência da nação a convicção de ser a língua patrimônio inestimável. Sobretudo diante de uma língua tão voraz, multiplicadora e plástica quanto a lusa. Pronta a pôr em marcha o sentimento poético quando a poética da existência ameaça fragilizar-se. A narrar antes de ser preciso contar. Uma língua na qual se ama quando a paixão nos surpreende. E que registra os matizes da poesia, o discurso da prosa, tão logo a vida fala, chora, capta os ruídos da ascensão e do declínio humano. Uma língua que faz da emoção do cotidiano uma comovida epopeia. Esses fundadores intuíram, como nós mais tarde, que, enquanto se defendia o uso pleno e agônico da língua, estava-se a preservar o dizer da cultura, as palavras que assinalam a interminável viagem do homem pelo mar do seu destino.

É forçoso acreditar que essa língua lusa, além do encargo de permitir a comunicação entre os humanos, tem o privilégio insubstituível de estruturar o pensamento. De ser o instrumento primeiro de afirmação da nossa humanidade, do estar no mundo de uma determinada civilização.

Fazemos parte de um contingente de seres que enfrenta os dissabores de uma realidade enfeitada de mágicas, de propostas alienantes. Sujeitos a uma guirlanda de seduções que nos convoca a encenar o cotidiano segundo desígnios meramente utilitários. Como seres do espírito, cabe-nos resistir à tentação fáustica de enveredar por caminhos que desafiam a ética, o conceito do homem e de Deus. Cabe-nos, sim, combater a onipotência da imaginação e da vaidade com o humanismo do convívio, do respeito às ideias, que nossas respectivas academias tão bem encarnam.

Senhor Presidente, Senhores Acadêmicos,

Agradecemos, comovidos, a homenagem que prestam à Academia Brasileira de Letras, por motivo do nosso I Centenário. Se Machado de Assis e os demais 251 acadêmicos aqui estivessem, decerto reforçariam comigo esse sentido agradecimento.

O Instituto Histórico e Geográfico do Brasil homenageou o I Centenário da Academia Brasileira de Letras oferecendo à presidente, a acadêmica Nélida Piñon, uma placa comemorativa alusiva à data. A sessão solene foi realizada no dia 16 de julho de 1997, no Salão Nobre do IHGB, sob a presidência do Sr. Arno Wehling.

A mesa da cerimônia foi constituída pelo presidente do IHGB, pela escritora e presidente da ABL, acadêmica Nélida Piñon, pelo representante do prefeito Luís Paulo Conde, Jorge Scévola de Semenovitch, pelo orador da solenidade e sócio titular, acadêmico Marcos Almir Madeira, pelo monsenhor Guilherme Schubert, representando o cardeal Dom Eugênio Salles, pelo cônsul-geral da Áustria, Emanuel Helige, e pelo presidente da Academia Brasileira de Artes, Dr. Agenor Rodrigues Vale.

Em agradecimento, Nélida Piñon proferiu seu discurso.

O sortilégio da história

Permitam-me breves confidências em torno da História que, nesta Casa, é vivida com raro zelo e plenitude intelectual. Confissões que brotam do mesmo prazer que sinto em apalpar a invenção narrativa e dar-lhe forma.

A história do Brasil, e do mundo, chegou-me na infância. Veio-me, a princípio, revestida de intenso caráter lendário, encantando a minha imaginação, subordinando a minha consciência de ficcionista. Desde o início comprometeu a minha poética particular. E hoje ainda ressoam em mim os ruídos e as memórias de épocas desfiguradas pela distância, que sobrevivem graças a um pergaminho gasto, a uma ânfora esfarelada, a um testemunho deliciosamente infiel.

Fez parte do meu debate interior considerar a História e a ficção vizinhas entre si. Espécie de matéria que trazia levadura à criação, firmeza às mãos, para fabular. Ambas, História e ficção, dotadas de mérito para mergulhar na verdade e na mentira, no sacro e no profano. Tudo metal da mesma liga.

Acerquei-me da História sem qualquer aparato erudito, com ela estabelecendo uma aliança amorosa, instável, que superava simetrias cronológicas e episódicas. Mas sem perder de vista que seus fundamentos emanavam do precário e impreciso instrumento que é o homem, esse ser comprometido com a desventurada aventura de viver.

A História, impregnada pelo sentimento do encantatório, chegou-me por meio de Heródoto, primaz desse universo. No bojo de suas páginas albergavam-se mil noites de imutável escuridão, mil terras servindo de cenários para os dramas hiperbólicos e solitários. Noites e dias descritos com minúcias, ensejando ardentes especulações. Como se na superfície de alguns desses textos existissem fendas, interstícios, por onde ingressariam promessas de viagens, transtornos, perplexidades.

Uma época, para mim, libertária e juvenil. Entre a leitura dos clássicos rotundos e dos folhetins estremecedores, encontrava motivos para mover um imaginário ainda emperrado. Entre o amor à história e o enigma inerente à ficção, os livros venciam aleatoriamente guerreiros, poderes dinásticos, séculos.

Sob a tutela da ilusão, com sua folia envolvente, bastava surpreender perturbadoras máscaras venezianas para reviver a dor que Príamo expressa a Aquiles, ante os restos mortais de Heitor, para naturalmente reconstituir a epopeia de Anchieta, a perambular em tupi-guarani pelo território brasileiro, séculos mais tarde.

Sempre foi prazeroso desmobilizar a lógica, o rigor cronológico, o encadeamento dos fatos, opor-me aos postulados que se interpunham entre a minha voracidade e o primado da História.

Graças, contudo, a essa canhestra exegese, eu visitava períodos e homens contraditórios. Cultivava revelações oriundas de um tempo em que Apolo conversava com os homens. Punha-me ao lado de Roland, sobrinho amado de Carlos Magno, a despedir-se da espada e da vida em Roncevaux. Comovia-me com historiadores que, em priscas eras, tiveram o imaginário como tônica essencial.

Escribas como nós, habitantes de uma História emoldurada pelas incertezas, não podiam eles prever o advento de um futuro que emergia do peso documental de outros sólidos fundamentos.

O próprio Heródoto, guiado por um saber indireto, vacilante, de refinada intuição, desprovido de qualquer recurso, registrava a história de países onde nunca pusera os pés. Apalpava o âmago do enredo pretérito recorrendo às lendas, à fala coletiva, esses relatos que se estilhaçavam em mil pontos de vista, soltos e irreconciliáveis entre si, ao longo do seu percurso.

Falava ele igualmente dos seus contemporâneos. Para tanto, esmerando-se em forrar homens e ocorrências com a única fidelidade ao seu alcance. Mas o que se poderia aguardar de um historiador que teve como vizinhos seres que, à falta de definição precisa, intitulamos hoje oráculos? Uma presença emblemática, tão subversiva que arrastava para o fulcro do coração humano, já por si sobrecarregado de deuses, o fardo dos enigmas indecifráveis.

Cercado, pois, por oráculos e deuses rancorosos, Heródoto, legítimo símbolo da liberdade, sujeitava o feito histórico ao princípio inventivo, sem deixar, contudo, de evidenciar as falhas divinas e humanas. Exorcizava os perigos da época, transgredindo as normas narrativas vigentes.

Minhas expectativas, então, originárias da criação literária, sintonizavam-se com aquele mundo arcaico que usava igual filtro para avaliar a história e a ficção, para montar um espetáculo que respondia ao nome de realidade.

O espelho dessa espécie de História logo começou a embaçar sob o crescente jugo da limpidez científica e documental. Meu instinto de ficcionista advertia-me a respeito dos heróis, mártires e vilões, todos guardados sob o signo da imutabilidade, promovidos pela seta certeira de uma História que os idealizava.

Como ficcionista, aspirava à imperícia, ao rigor pendular, a memória instaurando analogias impossíveis, a História contrariando cada versão que ganhasse a luz.

Buscava, como agora, os encantos derramados por um repertório vasto e foragido, que me trazia um Tucídides mais realista, um Fernão Lopes a propugnar pelas grandes forças coletivas. Muito depois, um Braudel, um Georges Duby, um Philipe Erlanger, um Philippe Ariès, que acudiam ao clamor da minha imaginação. Nomes que instauraram a liberdade da história por meio de ousados estudos das vidas privadas e das mentalidades. E ainda, vindos dos primórdios brasileiros, um Frei Vicente do Salvador, um Rocha Pita, pais da historiografia do nosso país.

Historiadores que sonharam, em algum lugar do seu coração, com o indiscriminado uso das lendas e dos mitos

O PRESUMÍVEL CORAÇÃO DA AMÉRICA

que perseguem a humanidade. Vincularam-se ao princípio que julga a lenda, aninhada entre anônimos, rapsodos e funâmbulos, irmã de tudo que se inventa. Pois que a lenda, alojada no coração da própria História, regenera os enredos enfraquecidos pelas interpretações canônicas e depuradoras. Indica aqueles heróis nascidos da invenção, engendrados a golpes pelos sonhos populares.

Como escritora, agradeço a História que baliza o tempo, que testemunha e relativiza os feitos dos homens. Ensinou-me ela a alargar a moldura da realidade, a acomodar em seu interior o acervo humano que tonifica a narrativa.

Essas considerações, rebeldes e ficcionais, afloram, no entanto, com apego amoroso e intelectual. Com que vigor reconheço as irradiações da História ao longo da sociedade. A importância dos nossos historiadores na avaliação do Brasil. O papel que o Instituto Histórico e Geográfico desempenhou sempre junto à nossa cultura.

Desde 1838, quando essa casa foi fundada, muito lhe deve a historiografia brasileira. O muito que sabemos da história nacional cabe dentro do horizonte dessa Instituição, que nasceu nos braços da monarquia brasileira, sob a égide do imperador Pedro II.

E já ia o Instituto Histórico e Geográfico Brasileiro avançado nos anos quando quis o destino que a Academia Brasileira de Letras, fundada em 1897, não tendo morada certa, fosse ser sua vizinha. Cruzávamos todos o umbral da mesma casa a cada semana.

Uma vizinhança que se explica quando o poder público de então, incapaz de prover a algumas instituições brasileiras, como o Instituto Histórico e Geográfico Brasileiro, a Academia de Medicina, a Ordem dos Advogados, a Academia Brasileira de Letras, de morada própria, decidiu ceder a essas instituições, em conjunto, a mesma edificação. Um prédio situado no Largo da Lapa, "ao pé da praia", entre o convento das Carmelitas e o Passeio Público, e que ficou conhecido como o Silogeu Brasileiro.

Em carta a Joaquim Nabuco, datada de 7 de outubro de 1903, Machado de Assis consigna sua compreensão em face desse condomínio. Refresca a memória do amigo com descrições relativas à localização do futuro Silogeu. Confessa-lhe haver visitado a ala que viria a ser ocupada pela Academia. À instituição cabendo o espaço que atenderia à biblioteca e às sessões ordinárias, sendo o salão de festas e das sessões solenes comum a todos. E encerra ele o tema com a frase que, sob forma de presságio, anuncia o futuro cenário da Academia Brasileira de Letras: "Outra geração fará melhor."

Durante anos o Instituto e a Academia viveram em concórdia. E, mesmo após havermos deixado o Silogeu, em 1923, para instalarmo-nos no Petit Trianon, por inspirada iniciativa do presidente Afrânio Peixoto, com o apoio do governo francês, mantivemos estreita aliança sob um regime afetivo e intelectual.

Prova desses laços são os inúmeros intelectuais que, ao longo dos anos, empossaram-se igualmente nas duas instituições. Intelectuais que cumprem, ainda hoje, com intransigência intelectual, o ritual de frequentar as duas instituições, na qualidade de membros efetivos dessas casas.

O PRESUMÍVEL CORAÇÃO DA AMÉRICA

Por essas razões, e tantas outras, a Academia Brasileira de Letras sente-se honrada pela homenagem que o Instituto Histórico e Geográfico Brasileiro presta-lhe por motivo do seu I Centenário, a se cumprir no dia 20 de julho de 1997. Uma data que integra o calendário espiritual e cultural de uma nação empenhada em estabelecer, e tornar visíveis, os traços relevantes de sua civilização.

Nessa ocasião, ambas as instituições, em face da História, reconhecem haver examinado com rigor e paixão as grandes questões nacionais. Admitem haver resistido aos sobressaltos do tempo e da realidade com espírito público.

Voltar a essa casa, que também foi nossa no passado, é motivo de júbilo. Por aqui transitam gratas memórias. Aqui mesmo, no histórico Silogeu, foi velado, antes de ser conduzido à morada final, o presidente Machado de Assis. Aqui ouvimos o arrebatador discurso de Rui Barbosa, a despedir-se do grande escritor.

Sob a graça e a proteção de tantas emoções, agradecemos a hospitalidade, a homenagem, as vívidas evocações.

No dia 20 de julho de 1997, às 21h, no Salão Nobre da Casa de Machado de Assis, realizou-se a sessão solene comemorativa do I Centenário da fundação da Academia Brasileira de Letras. Sob a presidência da acadêmica Nélida Piñon, fizeram parte da mesa de honra as seguintes autoridades: Fernando Henrique Cardoso, presidente da República; António Guterres, primeiro-ministro de Portugal; Marcelo Alencar, governador do Estado do Rio de Janeiro; Dom Eugênio Salles, cardeal arcebispo do Rio de Janeiro; senador Antônio Carlos Magalhães, presidente do Senado Federal; Dom Manuel Fraga Iribarne, presidente da Junta da Galícia.

Antes de iniciar a sessão, a presidente nomeou a Comissão de Recepção de Chefes de Estado, que ficou assim constituída: acadêmica Nélida Piñon, sócio correspondente presidente Mário Soares, acadêmicos Josué Montello, Antônio Houaiss, José Sarney, Arnaldo Niskier e Roberto Marinho.

Com a presença dos Srs. Acadêmicos: Arnaldo Niskier, Sábato Magaldi, Tarcísio Padilha, Alberto Venâncio Filho, Geraldo França de Lima, Evaristo de Moraes Filho, João de Scantimburgo, Eduardo Portella, Afrânio Coutinho, Antônio Houaiss, Bernardo Élis, Cândido Mendes, Carlos Chagas Filho, Carlos Nejar, Dias Gomes, Lêdo Ivo, João Ubaldo Ribeiro, Jorge Amado, José Sarney, Josué Montello, Dom Lucas Moreira Neves, Lygia Fagundes Telles, Marcos Almir Madeira, Marcos Vinicius Vilaça, Miguel Reale, Oscar Dias Corrêa, Rachel de Queiroz, Roberto Marinho, Sérgio Corrêa da Costa, Sérgio Paulo Rouanet.

A solenidade teve como mestre de cerimônias o ator Othon Bastos. Após a execução do Hino Nacional brasileiro, cantado à capela pela atriz Bibi Ferreira, a presidente da Academia Brasileira de Letras proferiu seu discurso.

A pátria do verbo

Os homens transitam pela esperança na condição de filhos da treva e da luz. Sabendo, de antemão, que os atos inaugurais consolidam-se primeiro no plano das utopias, para onde convergem versões múltiplas e dispersas da trajetória humana.

Afinadas com tal princípio, as vozes que nos chegam hoje do passado arregimentam como outrora os valores do seu tempo, proclamam aos contemporâneos e sucessores a certeza da permanência da arte, do livre curso do pensamento.

Avançando pelas frestas dos anos, elas se instalam entre nós esta noite, como se legitimassem, outra vez mais, o sonho que inventaram naquela noite de inverno de 1897, quando, inaugurando a Academia Brasileira de Letras, deram início a uma fascinante jornada do espírito brasileiro.

Não faz falta saber o que diriam essas vozes, pungentes e crédulas, caso estivessem entre nós. Seus timbres discretos, cosmopolitas, rascantes às vezes, teatralizariam a solenidade que transcorreu no antigo Pedagogium, da rua do Passeio, quando escandiram as palavras que afinal puseram em marcha os anseios civilizatórios sonhados por muitas gerações antes deles. Ansiosos por anunciar que a sorte da nova comunidade intelectual selava-se em meio às incertezas, à escassez de recursos. Balizada pelo esforço de limar a realidade adversa que então aflorava no Brasil do final do século XIX.

Aqueles homens cumpriam, comedidos, os rituais humanos. Diante da arte do cotidiano, resguardavam sentimentos. Não há registro da natureza do óleo da fé que lhes banhou a alma. Mas, seres de uma pátria frugal, acanhada ante os olhos estrangeiros, opunham-se firmemente ao realismo corriqueiro, desintegrador das utopias. Inclinados a inventar o mundo como forma de celebrar a realidade.

A intervenção dos anos, contudo, não nos isola deles. Aquelas palavras, sábias e prudentes, ajustam-se às urgências do nosso tempo. Mas serão de Machado de Assis, de Joaquim Nabuco, de Lúcio de Mendonça, entre tantos, as vozes a confirmarem que, a despeito de a instituição nascer sob a égide provisória do nomadismo, a visão que guardavam da cultura seria pluralista, teriam a língua como alicerce da unidade da pátria?

Passados agora cem anos, é forçoso proclamar que as quimeras e as ilusões originárias desse inquietante discurso da arte nunca se afastaram de sua matriz singular. Mais que nunca, na origem e no destino, enlaçam-se com o Brasil, graças ao pacto que nos força a auscultar o coração da espécie brasileira, representada por todos nós.

O PRESUMÍVEL CORAÇÃO DA AMÉRICA

A tecer, à sombra da conjuração dos dias, a longa narrativa que, a despeito da erosão dos anos, subjuga-se ao cinzel da memória. Essa memória que considera os instantes imperceptíveis, as variantes múltiplas, os episódios que dizem respeito aos brasileiros, em geral, e aos ilustres 252 acadêmicos, em particular, que passaram por esta instituição. Uma vez que uma cultura, como a nossa, refina-se quando o cotidiano a persegue com o fardo excedente do seu legado, quando a fruição do real marcha em compasso com o humanismo.

Essa casa buscou sempre o cálice da tradição. Uma tradição consubstanciada no saber acumulativo, no denodo em recolher aquela matéria negligenciada, posta à margem após a passagem dos movimentos revolucionários, dos avanços estéticos. Fragmentos filtrados e aprovados pelo tempo, e que, vistos de longe, formam um mosaico a sinalizar os contornos de um país, de uma instituição.

Uma tradição apta a modernizar o presente. A impedir que o germinar do novo enseje a demolição do repertório ancestral, que tanto nos explica. Disposta a promover a fusão do que é herança com o que emerge das correntes contraditórias, lendárias, rebeldes. A preencher as lacunas da memória, a fortalecer a erupção das ideias, que tiveram nascedouro nessa casa.

Sob o estímulo dessa tradição, a Academia Brasileira de Letras sempre se rendeu às turbulências da arte, às tentações do pensamento, à insubordinação criadora. Instaurou em seu cotidiano o ritual da cerimônia, quis conciliar o que emana do sagrado e do profano, amenizar as discrepâncias, rejeitar os expurgos arbitrários, tornar o convívio fonte de concórdia.

Uma tradição que nos ensinou a conviver com os impasses da história, a resistir aos tormentos da modernidade fátua. A ousar falar do futuro. Obstinada em realçar que a glória da instituição, repousando em tantas vitórias individuais, favorece o fervor coletivo.

O Brasil é um país recente. As nações jovens queixam-se da escassez de sua história. Sentem-se como que privadas daquela matéria arcaica e inconsútil, advinda das mil culturas, que impregnou os solos milenares. Temem que suas façanhas não reverberem na alma, e que suas genealogias, empilhadas ao acaso na memória, neguem-lhes acesso ao próprio mistério, implantem em sua psique o sentimento do vazio. Desatentas, no entanto, em registrar que tal carência estimula-nos a viver a imaginação com voluptuosa intensidade. A fabular ao redor do tempo e do espaço enquanto inventa o contínuo e apaixonante diálogo com o Brasil, com os seres da invenção, com a ficção da realidade.

A Academia Brasileira de Letras engendra seu enredo em consonância com o Brasil. Não perde de vista existir, fora de suas paredes, um país a cobrar-lhe providências culturais, o rastreamento de seus traços civilizadores. Como consequência, há cem anos enveredamos indiscriminadamente pelas tarefas da arte, do pensamento, da ciência. Por tão longos anos vimos protagonizando uma ação cultural e criativa que nos inscreve no epicentro da nação.

O conceito de imortalidade há muito ronda essa instituição. Fomentado, decerto, pelo imaginário popular, que, na

O PRESUMÍVEL CORAÇÃO DA AMÉRICA

ânsia de crer na perenidade das coisas, na permanência da arte, reveste o criador com o manto da ilusão. Insiste em desprender a arte das agruras do cotidiano, em devolver o artista à vida sob forma transfigurada. A imortalidade significando tão somente o desejo coletivo de prorrogar as ações humanas vinculadas à construção artística.

Há um século devotamos inabalável amor à língua lusa. Essa língua que os bárbaros, os necessitados, os poetas, os navegantes, os funâmbulos, seres da ilusão, ígneos e intensos, engendraram para corresponder às carências dos homens.

Afinal, a língua é a alegria dos homens. Nela repousam a poesia do desejo, a melancolia dos gritos primevos, o advento das estações, a exaltação do fino mistério soprado, quem sabe, pelo próprio Deus.

Falar, escrever, pensar, alcançar as fendas onde a metáfora pousa solitária circunscreve-nos ao picadeiro dos homens, ao galeão dos condenados, aos salões galardoados, às terras onde se trava a batalha do verbo e das exegeses.

Como filhos da pátria da língua, de um idioma composto de sobras latinas, gregas, asiáticas, africanas, uma mistura que por onde esteve semeou rastros míticos, pronunciamos suas palavras com unção e ira, captamos-lhe o cintilar do seu sensível timbre.

Essa língua portuguesa, de feição arqueológica, perambula agora pelo coração do Brasil. O corpo sagrado do seu enigma resguarda-se nos descampados e nos grotões, acata os presságios das bruxas, pede emprestado ao vizinho farinha e sentimentos íntimos.

Os inventos verbais dessa língua, que peregrina pela península ibérica, pela África, pela Ásia, pela nossa América, trazem a chancela natural da transgressão. Ela arrasta consigo a luxúria mesmo quando confrontada com experiências radicais, místicas, vizinhas do abismo de Deus.

Feita também de suspiros africanos, chegou ao Brasil infiltrada pela nostalgia que nos induz a romper a cada dia o casulo do seu mistério, a perseguir as suas contrafacções. É assim que ela converge, acumula, depura-se, exercita-se no gerúndio com a precípua função de ativar a realidade.

É dever dessa língua repartir intrigas, predições, narrativas, o prólogo e o epílogo da vida, o vestíbulo das longas despedidas, entre as criaturas do sul, do litoral, do planalto, do sertão, os ribeirinhos. Os habitantes das geografias múl tiplas e intransigentes. Todos eles premidos pela emboscada da fantasia e da emoção.

Vinda de tantos recantos do hemisfério, a língua aderiu por inteiro à fábula de uma nação. Esteve na amada Galícia, onde conheceu o irrenunciável sentimento oriundo do Finisterre — a extremidade da Terra —, cruzou o Minho, deixou o Tejo para trás, nos idos de março de 1500, estendeu suas ramas à África e à Ásia, com o intuito de florescer, até ancorar afinal no outro lado do Atlântico.

No Brasil, soçobrando em meio aos vastos recursos do pensamento, esticou as cordas plangentes das palavras, roçou enigmas, traduziu uma pátria composta de mel, leite, trigo, a inexcedível história humana.

Essa língua lusa é uma sombra desapiedada. Sob o teto da ilusão, o instinto do verbo arranca das gavetas os sentimentos resguardados entre os lençóis que recendem a jasmim. Sobre cada vocábulo projeta a luz incisiva do inventário da arte.

Na morada dessa língua, nada lhe sofreia o impacto. Seu mundo visionário, saturado pela desmedida paixão, rende-se à metáfora no esforço de revelar-lhe o fulcro onde reside a equação da poesia humana. De ritmo largo, esse idioma implanta em nós os dilemas da condição humana, o destino dos homens. Não permite que nos exilemos do mundo.

Essa sensível e afortunada eloquência auspicia à língua elucidar a emoção por meio de preciosa linguagem simbólica, que é assunto de berço, do território amoroso, da perdição alada do pensamento.

Nada mais fez a Academia Brasileira de Letras nesses cem anos, desde a sua fundação, que honrar a aventura do espírito sob o vertiginoso impulso do idioma. Sempre soubemos que não há pátria sem a defesa da língua. Seus códigos, seus objetos, suas emoções situam-nos no mundo. Não há igualmente lar e liberdade sem o exercício pleno das palavras que nos levam ao pranto, ao riso, ao amor, aos pequenos descuidos do cotidiano. A louvar o sol, a reverenciar a Deus.

Essa magnífica língua lusa, falada por obra dos homens em Angola, Brasil, Cabo Verde, Guiné-Bissau, Moçambique, Portugal, São Tomé e Príncipe, leva no bojo o discurso da ruptura, as emendas que engrandecem a jornada dos homens.

Sob o primado da imaginação e da língua, a Academia Brasileira de Letras celebra neste 20 de julho de 1997, junto às nações amigas, aos brasileiros de todas as gerações, o seu Primeiro Centenário.

Integrada rigorosamente aos instantes constitutivos da história do Brasil, reverencia a construção de um tempo que semeia sonhos, esperanças, a paisagem do futuro.

Agora secular, essa Academia Brasileira de Letras percorre livre os espaços da memória. Não teme retroceder nos anos, alojar-se entre os aedos gregos, os poetas da evocação. E, por amor à cultura, estar nos lugares onde os nossos corações estiveram em tantos momentos. Em qualquer terra onde se deflagrou no passado a aventura de fabular. De narrar a história que os homens vêm escrevendo há milênio e cuja leitura, perturbadora, consola o humanismo da nossa instituição, que, ao longo de cem anos, exerce irredutível defesa da civilização brasileira.

A Assembleia Legislativa do Estado de São Paulo, por meio de seu presidente, deputado Paulo Kobayaski, realizou, em 11 de agosto de 1997, às 20h, no Plenário Presidente Juscelino Kubitschek de Oliveira, na cidade de São Paulo, uma sessão solene celebrando o I Centenário da Academia Brasileira de Letras.

Entre outras autoridades, estiveram presentes à homenagem os acadêmicos Miguel Reale, Lygia Fagundes Telles, João de Scantimburgo, Sábato Magaldi e Arnaldo Niskier.

Na ocasião, a presidente da Academia Brasileira de Letras, Nélida Piñon, proferiu seu discurso.

Eloquência urbana

Nessa casa a história ganha dimensão nacional. Os atos que se cristalizam nessa Assembleia Legislativa, no pleno exercício de suas atribuições, chegam necessariamente aos corações dos homens. Desde a guarda das liberdades públicas, do patrimônio coletivo, dos bens culturais, da defesa das paisagens, dos sítios arqueológicos, até a elaboração árdua e perscrutadora dos textos constitucionais.

O cotidiano, portanto, que a sociedade julgou prudente engendrar para si e para seus sucessores ganha representação e destino jurídico a partir das deliberações dos ilustres membros dessa instituição.

Como consequência, a história brasileira, com seu fardo multiplicador de fatos e de interpretações, pode bem pousar, como sombra do passado e do presente, entre os senhores deputados, em plena vigência do seu ofício.

As palavras que assomam a essa tribuna não fogem, contudo, do destino humano. Apaixonadas, arbitrárias, justas ou injustas, elas ganham a medida do seu tempo, falam a linguagem ditada pelos contemporâneos, transcrevem a memória dos que há muito já se foram, mas que, ainda hoje, como se aqui estivessem presentes, reforçam, junto aos legisladores dos novos tempos, a devoção ao ideal cívico que norteou suas condutas no transcurso de seus mandatos.

São esses conceitos, decerto densos e polissêmicos, que traduzem a complexidade das leis, perpassam os interstícios do espírito e da imaginação, servem à carência dos homens. Como consequência, observa-se nessa Assembleia uma militância cívica, memorialística, histórica, empenhada em levar aos municípios do estado de São Paulo um estatuto de ordem ética, de salvaguarda institucional. E de tal forma rigoroso e nítido que registre à perfeição a fisionomia política, social e cultural do estado, integre-o à esfera federal. E que essa fisionomia, ao deixar suas fronteiras, cruzando o solo da pátria, rumo a Brasília, deposite, aos pés da lei maior, aquelas leis promulgadas por uma Assembleia Legislativa autônoma, respeitosa, que lima as matérias nacionais.

Sr. Presidente,

Nesse plenário histórico cada qual confronta-se com sua respectiva biografia e assume sua responsabilidade social. Cientes todos de que a prece cívica, formulada nesse espaço, ganha o respaldo de uma natural delegação.

Assim sendo, ante os senhores, assumo a condição de escritora e de presidente da Academia Brasileira de Letras, movida pelo propósito de trazer a essa tribuna a presença

O PRESUMÍVEL CORAÇÃO DA AMÉRICA

da casa maior da intelectualidade brasileira. Uma instituição que, fundada em 20 de julho de 1897, no albor da República, soube fecundar e enriquecer os meandros do imaginário brasileiro ao longo de sólidos cem anos. Sob o teto da morada de Machado de Assis, Joaquim Nabuco, Rui Barbosa, Euclides da Cunha, Barão do Rio Branco, para mencionar apenas alguns dos 252 membros, registram-se língua, sentimentos, idiossincrasias, enigmas que, em conjunto e indissolúveis, amalgamaram a psique brasileira, expuseram, à luz da arte e da reflexão, o Brasil litorâneo, o Brasil profundo, o Brasil de mil faces, a desmedida do nosso eloquente sonho.

Senhores Deputados,

É uma alegria encontrarmo-nos hoje em São Paulo. O estado e a cidade que se confundem no imaginário brasileiro. Nessa cidade que, encarnando as mais altas virtudes de todo o estado, nasceu do espírito dos jesuítas e dos primeiros brasileiros que, em 1554, com sandálias e batinas gastas, venceram a serra para chegar ao local onde se ergueria São Paulo. Graças a esses homens de fé e de visão, aquele núcleo modesto ganhou o nome de São Paulo do Campo de Piratininga, logo reduzido simplesmente para São Paulo, estrela reluzente da nação brasileira.

Surgida da vontade férrea daquela grei, a cidade de São Paulo, onde se encontra sediada essa Assembleia Legislativa, cresceu em ritmo vertiginoso. A dramática eloquência da urbe ultrapassou a corriqueira medida humana, por meio de edificações, de monumentos à altura de suas almas. A cada passo histórico arregimentando múltiplas realidades que, alojadas no coração dos homens, tornam São Paulo, arrojada e conflitiva, a metrópole das Américas. O retrato, por excelência, da exasperada contemporaneidade do continente latino-americano.

É forçoso proclamar que por esse grande estado, por essa cidade inventiva e dodecafônica, perpassa a memória dos homens. Essa memória arrecadada nos campos, nas ruas, nas praças, nas casas, e que se enriquece a cada amanhecer. Capaz de narrar a heroica história de São Paulo, de forjar um relato que enlace sua esplêndida potencialidade e riqueza. Um estado que é, sem dúvida, um dos palimpsestos do país, sístole e diástole dos impulsos e das rotas humanas, para o qual confluíram o Ocidente e o Oriente, todas as etnias, as instâncias humanas, em obediência a esplêndido fluxo imigratório.

São Paulo, que nos alberga hoje com extremada hospitalidade, é uma fascinante geografia. Por suas paragens circulam sonhadores, seres utópicos, ansiosos por criar uma terra de oportunidade, de trabalho, onde o lar que se erga assegure o conforto dos homens. Essa São Paulo cidade e estado, que protela em admitir a morte da aventura humana.

Sob essa abóbada urbana, sob o conglomerado dos seus municípios, conjunto que excede a imaginação social, a vida oscila, dia e noite, entre o trabalho e a paixão. Cada estágio de sua história enriquecendo a cartografia brasileira, tecendo a urdidura narrativa que incita o imaginário, que nos oferece um constante material de vida e de arte. Da substância que corresponde à enigmática demanda de São Paulo e que deu ao Brasil memorável e primorosa genealogia artística e intelectual. Graças à qual destacamos, justo quando a Academia Brasileira de Letras é homenageada pela Assembleia Legislativa do Estado de São Paulo, os nomes de quatro grandes intelectuais paulistas que integram esse panteão brasileiro que é a Academia Brasileira de Letras: acadêmicos Miguel Reale, Lygia Fagundes Telles, João de Scantimburgo, Sábato Magaldi. Magaldi sendo, ao mesmo tempo, servidor de Minas e de São Paulo. Intelectuais e criadores que, onde estejam, honram o Brasil e a Casa de Machado de Assis.

Nessa Assembleia Legislativa do Estado de São Paulo, à sombra do que é regional e nacional, donos de um repertório que desemboca no universal, identificamos em todos nós, brasileiros, uma genealogia constituída de marcas de origem sedimentadas na língua, na história, na memória coletiva. Seguros ingredientes que enlaçam o Brasil e formam aqueles riscos de bordado que a vida progressiva e atemporal, fabricante de memórias, imprime aos enredos privados e coletivos.

SENHORES DEPUTADOS,

Agradecemos, comovidos, ao presidente Paulo Kobayaski, legislador e educador de méritos amplamente reconhecidos, e a seus ilustres pares a homenagem que prestam à nossa instituição.

NÉLIDA PIÑON

Por motivo de tal honra, encontramo-nos hoje entre os senhores, cientes de que os seres humanos inventaram os rituais, as cerimônias, buscando fortalecer, por meio dessas mil formas polidas, o processo civilizatório, impedir as manifestações da barbárie.

Sob a custódia de crença tão generosa e necessária, aceitamos, em nome da Academia Brasileira de Letras, por motivo do seu I Centenário, essa comovedora homenagem.

Muito obrigada.

Como parte das comemorações do I Centenário da Academia Brasileira de Letras, foi editado, com o apoio cultural do Unibanco, o livro de arte *Academia Brasileira de Letras — 100 Anos*, apresentado por sua presidente, Nélida Piñon, e com texto do acadêmico Josué Montello.

A cerimônia de lançamento ocorreu em 16 de outubro de 1997, às 17h, no Salão Nobre do Petit Trianon, sede da Academia, no Rio de Janeiro.

Registro civil: 1897

Nascemos em 1897. Precisamente no dia 20 de julho, à sombra de tênue inverno carioca. Um ano que recolhia os escombros da monarquia enquanto aguardava o futuro de uma República apenas instaurada.

Raros momentos aqueles que presidiram à inauguração da Academia Brasileira de Letras. Quando muitos buscavam assegurar a hegemonia nacional, a despeito do embate ideológico que se dava entre duas espécies de pátria.

De um lado, o Brasil do litoral, do encilhamento, da zona urbana, egresso de raízes rurais, em busca da consolidação da língua e da inefável ilusão da arte. Do outro, o Brasil profundo, sobrecarregado de mitos, de crenças e distúrbios religiosos, ensejando o mister da arte, o fogo inflamado do debate. Tudo a reclamar mudanças, alterações que não afetassem, contudo, os estatutos vigentes.

Em meio a esse dilema, que removia a sociedade do seu falso centro de equilíbrio, surgem alguns jovens. Dispostos a unir às palavras o gosto da ação, a encetar a inexcedível convocação da consciência nacional.

Quem eram eles? A quem devemos essa esplêndida aventura do espírito e da nacionalidade da qual resultou a fundação da Academia Brasileira de Letras? Moços e sonhadores, eles eram pobres e progressistas. Escritores desconcertantes, usuários da magia da língua, confiavam na pujança da palavra para quebrar as amarras do provincianismo então corrente, cuja resistente ossatura impedia voos inaugurais.

Nessa quadra da história brasileira, esses moços acreditavam na língua como promotora de um cosmopolitismo que se conciliava com a audácia estética e as reformas políticas e sociais. Sem temer a medida do próprio sonho, mola propulsora que avança até os nossos dias, foram buscar em Machado de Assis, gênio da raça brasileira, e Joaquim Nabuco, aristocrata do espírito e herói da Abolição, o respaldo intelectual que lhes faltava. A eles e a outros de igual estirpe, o vento de Éolo, a soprar, iria conduzir, céleres, à ilha da invenção, ao sonho possível.

Despertaram eles em homens como Machado e Nabuco a certeza de estar o Brasil do final do século XIX pronto para o espetáculo da arte, para a quimera da reflexão, para o convívio das academias, cujo destino de confraternização tantos buscaram, quem sabe mesmo desde os tempos homéricos dos aedos, esses enigmáticos poetas da memória.

Uma Academia que a partir da sua formação, naquele ano, e até os nossos dias, deixou transparecer, em diversas instâncias, o seu vigoroso propósito de devotar-se à intransigente defesa da língua portuguesa, à unidade literária do Brasil.

O PRESUMÍVEL CORAÇÃO DA AMÉRICA

Vista a distância, é-nos grato saber que a Academia Brasileira de Letras começou assim sonhadora, juvenil e poética. Sem uma casa sequer onde instalar-se. Um pouso onde deitar raízes e esperança! E da qual, nesses cem anos de existência, não se ausentaram os elevados princípios que lhe nortearam o longo cotidiano. Sempre empenhada em ter ao seu alcance a língua lusa, firme matéria do sagrado e do profano.

Tal fidelidade permite-nos recapitular a história da Academia à luz do seu Centenário. Para situarmo-nos sob a égide de um sentimento prospectivo, documental, com o qual restaurar, com exemplar reverência, a sua trajetória pública e privada. Em tal empenho memorialístico insurgindo-se contra o esquecimento que persegue a vida dos homens, reagindo às imolações que se abatem sobre a consciência histórica. Graças ao qual narramos, em uníssono, o percurso dessa instituição. Levados pela convicção de ser essa casa parte essencial do imaginário nacional, que se reforça por meio de seus 40 patronos, 212 acadêmicos e sócios correspondentes que por aqui têm passado. Uma legião entregue à salvaguarda da arte, do pensamento, de um humanismo, embora *ameaçado*, sempre regenerado.

Desde o nascedouro, a Academia Brasileira de Letras participou dos instantes constitutivos da história brasileira. O país deu-nos então guarida na fundada esperança de virmos a ser intérpretes da realidade que então nos modelava. De modo que o substrato indecifrável, revestido de arte e de mistérios que há séculos nos forjam, cruzasse, para ficar, os umbrais dessa casa. E que essa psique brasileira, alojada entre nós sob o candente e moderno primado da memória, atualizasse e redefinisse quem somos.

Esse anseio pela memória libera a Academia Brasileira de Letras a igualmente transitar com desenvoltura pelo passado e bater insistente à porta do futuro. Um porvir e um tempo pretérito que repousam no professado apreço à tradição, nascida à margem de benfazejas rupturas, do caos que regenera e instaura modelos civilizatórios.

Há cem anos temos sido hóspedes ativos da memória do Brasil. Sob a guarda de inestimável repertório daqueles que processaram arte, vida, reflexão e aqui fizeram o logradouro das suas luminosas inteligências. Um legado que nos credencia, nesse Centenário, a apresentar ao Brasil uma narrativa que ganha hoje, para honra nossa, o formato de livro.

Este livro que ora apresentamos recolhe em suas páginas os cenários e os protagonistas que legitimaram a existência mesma desse Centenário. Enquanto procura contar, com sentida e nostálgica emoção, a força de uma história que eleva a própria história do Brasil.

Neste *Academia Brasileira de Letras — 100 Anos* celebramos os próceres da pátria, os heróis da língua, os inventores do futuro. Sobretudo comemoramos uma Academia Brasileira de Letras cujo enredo resiste a ser esgotado mesmo em um belo e instigante objeto de arte.

Saudação de Nélida Piñon pronunciada no Salão Nobre da ABL, em outubro de 1997, por ocasião do lançamento oficial do livro *Academia Brasileira — 100 Anos*.

Estante simbólica

Almejávamos o objeto perfeito. O livro que fosse capaz de contar a história de mil livros. E que, em cada uma de suas páginas, falasse ao mesmo tempo da fundação de um país, chamado Brasil, e da inauguração há cem anos de uma instituição que ocupa crescente espaço no imaginário popular da pátria.

Um livro que compensasse o esforço dos homens aplaudindo-lhes o espírito, o saber, aquelas atividades que arrancaram a espécie humana da penumbra para pô-la a serviço da luz, da promessa da revelação. Um livro que fizesse encômios à sua sofrida memória.

Um livro, sim, que, tão logo folheado, pudesse de imediato narrar, pormenorizar os detalhes do real. Um livro que na estante simbólica de cada brasileiro se destacasse pela elegância, pela corpulência sóbria, pelo papel, do qual emana o perfume dos tempos e das doces evocações. E que, visto de longe, não pudesse ser outro livro senão ele. Por todos os títulos insubstituível para quem o possua, ou por quem o estreite contra o peito, em busca do prazer de ler. Porque só ele veio para contar a história de uma augusta instituição e de um punhado de homens de espírito.

Um livro que, ao deixar a estante, onde esteve sob a guarda de tantos, ostentasse o seu caráter celebratório. O tributo que se presta à memória e aos sonhos dos fundadores, dos patronos dessa instituição, assim como dos sucessores. Para tornar-se metáfora, enfim, dos outros livros que vêm sendo escritos há cem anos.

Esse livro que se apresenta hoje, elegante e austero, acata com fervor as contingências históricas de uma casa cuja origem foi igualmente austera, elegante, brilhante. E cujo título, *Academia Brasileira de Letras — 100 Anos*, bem norteia seus desígnios, pois que em suas páginas é evocado cada um de seus 252 membros efetivos. Cada nome associado à história de um país que começou a ser narrada há cinco séculos precisamente.

Os livros comemorativos, decerto, nascem precários. Custa-lhes abordar com justiça a obra humana. Padecem das circunstâncias adversas, das restrições que cercam seu destino editorial. Esse livro também, na ânsia de revelar a grandeza da Academia Brasileira de Letras, sucumbe ao seu peso histórico. Reconhece que a instituição o excede. Mas, embora tenha ele esbarrado nos percalços dos dias, nos critérios humanos, nas contingências do cotidiano, não renunciou à ambição de abarcar narrativas, de ingressar pelos labirintos de uma Academia que viveu, e vive ainda, sob a égide da criação, do pensamento, da inteligência.

O PRESUMÍVEL CORAÇÃO DA AMÉRICA

A sorte, contudo, ajudou-nos. Sob a pressão de cumprir uma tarefa editorial dentro do curto prazo imposto pelas celebrações do I Centenário da Academia Brasileira de Letras, contamos com o precioso e indispensável apoio do grupo Unibanco, nosso patrocinador, que não hesitou em aceitar tal desafio. Em gesto de radical solidariedade, com o intuito de associar-se definitivamente aos cem anos da Academia, desistiram de pleitear os benefícios das leis fiscais, a serviço daqueles que investem na cultura, e abraçaram, sozinhos, as responsabilidades econômicas decorrentes do projeto. Renúncia fiscal sim, mas jamais renúncia à história.

A partir dessa decisão histórica, entre idas e vindas a São Paulo, mergulhamos com volúpia no passado, nos textos, criando uma iconografia fascinante. Definiu-se a estética do projeto, a sua aparência, contornando o belo texto do acadêmico Josué Montello com discretas luminuras, margens requintadas, tudo dizendo que devia ser o corpo e a alma recôndita do livro. As pesquisas separavam o joio do trigo, realçavam detalhes, conviviam com a memória das coisas. Os partícipes do livro, exigentes todos, sempre apaixonados, merecem ter seus nomes celebrados.

Somos muito gratos.

Eis o livro agora sobre a mesa. Ele existe, arfa, revela rostos, passeia pelo tempo com a desenvoltura de quem sabe os anos evanescentes e quer fixá-los. Suas cores correspondem às nossas. Suas palavras são nossas também. Muitas de suas fotografias repousam em nosso arquivo. Nada temos de que nos envergonhar.

Talvez conte ele parte apenas da nossa fecunda história. Mas a história real é sempre inapreensível. Não há como cingi-la ao círculo de fogo das palavras. No interior de suas páginas, porém, há histórias suficientes para que nos orgulhemos da instituição. Para que, unidos todos, festejemos um trabalho oriundo do empenho, da esperança, do irrenunciável dever civilizatório.

Senhoras e Senhores,

Como parte dos festejos do I Centenário da Academia Brasileira de Letras, apresento-lhes o nosso livro. Ele aqui está, agora, entre nós, como se soubesse que em meio às suas páginas pousa a história sonhada por moços e senhores há precisamente cem anos.

Em 20 de novembro de 1997, sob a presidência da acadêmica Nélida Piñon, como parte das comemorações do I Centenário da Academia Brasileira de Letras, foi criado e implantado o Centro de Memória, compreendendo o arquivo da Academia, banco de dados, áreas de atendimento aos pesquisadores, reserva técnica para acervo museológico e oficina de conservação.

Nessa data, no Salão Nobre do Petit Trianon, foi inaugurado o Centro, com discurso proferido pela presidente da instituição.

O pouso da memória

A Academia Brasileira de Letras há muito previra em seus estatutos a criação de um Centro de Memória. Hoje, precisamente, cumpre ela essa disposição estatutária. Inaugura, no ano do seu I Centenário, o seu tão almejado Centro. Implanta em seu coração cultural um território exclusivamente destinado a preservar as ocorrências humanas. A impedir que os vestígios, as lembranças e os documentos tecidos pela inteligência e pela propulsão criadora de tantos de seus membros efetivos submetam-se à ação dilapidadora dos anos, à fugacidade pertinaz do cotidiano.

Desde seu nascedouro, há cem anos, essa instituição elegeu a língua e a unidade literária brasileira como medidas de grandeza. Elegeu igualmente a história brasileira como marca de referência. Buscou confundir-se soberanamente com as oscilações e os percalços históricos, gravitou em torno de seus valores essenciais. Sobretudo deu ciência pública de não existir melhor pouso para sua índole utópica, para o cumprimento de seus ideais primevos, do que se integrar ao universo da memória. Essa irrenunciável memória que, difusa e múltipla, à cata de definições compatíveis com sua complexidade, registra e abona o tempo dos homens.

Dela fiéis servidores, nós, da Academia Brasileira de Letras, avivamos nosso enredo coletivo debruçados sobre um passado permeado de arbítrios e versões contraditórias. E assim tem sido ao longo de uma história que nos levou a resguardar, intactos, fotos, originais, os livros que contêm nossas atas seculares, documentos que, retrocedendo nos anos, chegam até a metade do século XIX. E que, conquanto registrem, casualmente, aventuras havidas em torno da fundação dessa casa, em 1897, apontam também nossas idiossincrasias futuras, nossas lendas, aqueles caprichos hoje incrustados no imaginário da nação.

Submissos a tal memória, não nos furtamos ao juízo crítico advindo dela. Ao contrário, apegados às evocações, às efemérides que nos asseguram um passado afirmativo, aperfeiçoamos com os anos nosso temperamento cultural.

Esse novo centro, que se descortina ante nós, indica-nos a necessidade de armazenar a matéria inconsútil e enigmática com que se forja a memória. Fala-nos de uma substância que, tão logo materializada, arrasta em seu bojo aquela produção fabricada pela exaltada melancolia humana. Reconhece que as raízes dos seres brotam desse insondável manancial. E, ainda que quantas vezes nos acabrunhe, a memória alenta a imaginação, engendra quimeras. Arranca-nos da solidão para projetar-nos no universo dos homens. Ajuda-nos a romper, sobretudo, o molde da individualidade para tornarmo-nos múltiplos de nós mesmos.

O PRESUMÍVEL CORAÇÃO DA AMÉRICA

Sob o aparato de intensa simbologia, esse Centro de Memória força-nos a acreditar no passado. Recente ou longínquo, vizinho quase da árvore do bem e do mal, dele emergem os indícios que nos asseguram a condição de sucessores dos que nos precederam no tempo.

Por vocação histórica, pois, damos passagem à memória, cedemos a ela zonas sombrias e luminosas. E, ungidos pelo espírito do sagrado, recolhemos seus escombros, sentimos pulsar o mistério da paixão humana. E não é certo que a memória mesma nos insta a rastreá-la, a lançar mão de seus recursos para melhor compreender a psique brasileira, parcialmente soterrada? E que é ela ainda que nos infunde a ilusão proveniente das vozes coletivas?

SENHORAS E SENHORES,

É forçoso investir no futuro da memória. Impedir que o brumoso destino consuma-se nas chamas apressadas de um presente desatento e imediatista. É mister dar combate às atribulações da realidade que desvalorizam a coleta incessante do engenho individual e coletivo.

Como brasileiros, cingidos a uma pátria faltosa, descuidamo-nos de pungentes evocações nacionais. Desde a sua gênese, o Brasil prescindiu daquelas evidências que teriam certamente exposto, em conjunto, o mosaico da nossa furiosa esperança, do amontoado caótico dos nossos enigmas.

Essa sociedade negligente confiou que a salvaguarda da memória nacional se daria unicamente por meio dos artifícios inquietantes e sedutores do universo do inconsciente, do imaginário coletivo, da cartografia dos sentimentos, para com elas erigir o edifício da sua memória tangível. Esquecidos, então, de custodiar o mundo documental, o patrimônio histórico, as mais preciosas reservas artísticas da nação.

A Academia Brasileira de Letras opõe-se, no entanto, à desesperança e confessa que nunca esteve sozinha nos seus sonhos acalentadores. Para tanto contou, desde que decidiu fundar esse Centro de Memória, com o inestimável apoio da Fundação Banco do Brasil, uma instituição à frente sempre das mais belas iniciativas culturais, com quem logo estabeleceu uma nobre, elegante e magnânima aliança. Uma parceria que, para orgulho nosso, iniciou-se numa tarde desmedidamente chuvosa do mês de abril, em Brasília, graças à compreensão, à afabilidade, à lucidez do Dr. João Pinto Rabelo, seu ilustre diretor executivo.

Um homem a cuja presteza e visão progressista devemos a imediata adesão ao projeto. E que em nenhum momento tentou reduzir as dimensões do sonho que lhe estava sendo proposto. Ao longo do nosso fecundo convívio coube-lhe sempre se antecipar à história que ambos íamos forjando.

E multiplica-se ainda mais a nossa alegria por ser essa uma fundação vinculada ao Banco do Brasil, instituição que, fundada pelo príncipe-regente, precedeu a Independência do Brasil. Não sendo ela, pois, meramente uma associação fiduciária, mas, sobretudo, uma fonte de bem-estar social.

Graças a esse precioso apoio cultural, estamos dotados com os recursos que a moderna tecnologia assegura para a guarda, conservação e difusão do nosso acervo. E podemos agora oferecer à comunidade um patrimônio composto basicamente de documentos textuais, iconográficos e fotográficos relacionados com a história da Academia. Dar-lhes acesso a materiais impressos e audiovisuais, abrigados em salas e cabines ambientadas para esse fim, dotadas todas de equipamentos avançados, incluindo o acesso à internet. Pôr ao alcance de todos o banco de dados, que detém, precipuamente, informações sobre escritores de língua portuguesa e suas obras, assim como o acervo e os espaços museológicos da instituição, que deverão estar sob a sua responsabilidade.

Esse Centro de Memória nasce também sob a guarda e os cuidados de primorosa guia. De alguém que não mediu esforços, não economizou sonhos, talento, devoção exemplar, para pôr em marcha o que precisava existir, sair da sombra, para ganhar plenitude. Maria Eugênia Stein é essa mulher que, pelo seu trabalho admirável, associa-se à memória do nosso Centro. Agradeço-lhe, enternecida, o generoso empenho. A esse agradecimento juntam-se outros nomes de devotados funcionários da nossa casa.

As memórias desse dia feliz repousam agora em nós. Aguardam que as decantemos lentamente. Afinal, somos os únicos a responder por elas. Assegurar-lhes por mais tempo sua permanência na Terra.

Em 18 de dezembro de 1997, às 17h, no Salão Nobre do Petit Trianon, sede da Academia, a acadêmica Nélida Piñon encerrou sua gestão como presidente da Academia Brasileira de Letras, no ano do seu I Centenário.

A medida de todas as coisas

Chego ao final do meu mandato. Recorro à mirada retrospectiva para examinar a intensa presidência desse Centenário. Na expectativa de que a memória, guardiã eterna das ocorrências humanas, apresente seu relatório final. A memória esquiva-se à tarefa, não aceita evocações que sistematizem a história, empobreçam o fluxo das emoções. Insinua ser prematuro avaliar um Centenário que sensibilizou acadêmicos, familiares, a comunidade brasileira. Mais vale aguardar a decantação dos dias.

Posso, contudo, confessar que exercer a presidência da Academia Brasileira de Letras no ano do seu I Centenário, por delegação dos senhores acadêmicos, muito me honrou. Constituiu uma experiência fecunda à qual ainda não sei dar nome, repartir lucidamente com os demais.

Mas foi por meio dessa experiência, sob o peso de ilimitada responsabilidade, que senti de perto o arfar da língua portuguesa, do imaginário popular, do espesso enredo coletivo. Da realidade enfim que me cobrava simultaneamente a reverência ao passado e a atenção aos ruídos sôfregos do presente. Uma experiência, sem dúvida, solitária, difícil, embora multiplicadora de sonhos.

Uma aventura que atravessou o tempo e a história, ao mesmo tempo que propiciou-me entender melhor um país que resiste a ser decifrado, não cede aos visitantes as chaves dos seus enigmas. Uma viagem simbólica que, a pretexto de conduzir-me a um presumível centro, ensejou-me contemplar paisagens duradouras, seres que acenavam à passagem do trem da história, sempre apressado.

Vivi, ao longo desses doze meses, excluindo os cinco meses da presidência em exercício, uma aventura propícia a alargar o espírito. Cheia de riscos, de decisões delicadas, suscetíveis todas de afetar a honra da nossa instituição. Era como devesse conceber uma narrativa diariamente afetada pela riqueza dos conceitos, pelo desafio novo, pelo rigor da tradição. Vergada sempre pela multiplicidade de versões que emanavam de cada episódio coletivo.

Vivi o dilema de oscilar entre o clássico e o moderno. De obedecer ao dever de dessacralizar formas que já não resistem às urgências de uma sociedade democrática. De ajudar a forjar uma linguagem que sirva ao racional e às forças da ilusão, que equilibre a ambiguidade do mundo. Enquanto ampliava formas de convívio entre nós, acadêmicos, e junto à sociedade brasileira.

Essa presidência aperfeiçoou em mim o diálogo entre culturas antagônicas. A viva consciência de que a arte de um país, sufragada pelo escritor e pelos que personificam o arcabouço da criação, aloja-se essencialmente na cultura.

O PRESUMÍVEL CORAÇÃO DA AMÉRICA

Nessa cultura onde está a medida de todas as coisas. Onde residem os traços imperecíveis da nossa identidade nacional.

É com reverência e orgulho que incorporo essa preciosa bagagem à minha biografia. Dessa Academia Brasileira de Letras ganhei um saber que atrelo hoje à minha memória. Sobre os seus fragmentos incide a luz de um futuro reflexivo que certamente perturba, mas comove nossa trêmula humanidade.

O Brasil federativo esteve sempre presente às celebrações do I Centenário. Os brasileiros nunca estiveram alheios à sorte dessa grande instituição. A Academia Brasileira de Letras faz parte de seus acervos individuais e coletivos.

Pelas frestas dos dias, tive o privilégio de dar as boas-vindas à legião dos que nos visitaram. Traziam eles flores, quimeras, a esperança depositada nos feitos humanos. Discreta, mas certeira. Toda delicada, essa esperança assemelha-se a um véu transparente que envolve a cabeça, confundindo-se com os cabelos esvoaçados.

O cidadão que aqui vinha participar dos nossos eventos cumpria um roteiro de cidadania. Atendia à sua demanda de inteligência. Fazia-nos ver, por gesto fortuito, o quanto a carência cultural de uma nação perturba a vida do indivíduo. Reduz-lhe a dignidade social, a autoestima. Uma e outra necessitando ser saciadas.

No meu discurso de posse, em dezembro de 1996, preguei a urgência de repartir com o Brasil o patrimônio dessa instituição. Tentando cumprir a palavra empenhada, implantamos as visitas guiadas, com a participação de atores e músicos que, por meio do canto e da palavra, contam a história da Academia Brasileira de Letras. Estreitamos laços com as academias federativas, por meio de exposições públicas de seus preciosos acervos. Inauguramos ciclo de palestras com escritores e personalidades internacionais, vindas ao Brasil com o único propósito de festejar o nosso Centenário e sem ônus para a Academia. Promovemos um brilhante ciclo de conferências em que os ilustres acadêmicos, discorrendo sobre os cem anos da casa, evocaram os mestres que enriqueceram nossa instituição. Alegramo-nos com os saraus e os concertos apresentados em cenários perfeitos. Publicamos o livro *Academia Brasileira de Letras — 100 Anos*, e lançamos recentemente o CD-ROM *ABL — Centenário 1997*.

Outros grandes projetos foram realizados. A implantação do Centro de Memória no ano do I Centenário é um feito histórico. Representou o extraordinário esforço de adequar o espaço às exigências desse novo Centro em menos de nove meses. Outra vez a aquisição de equipamento e mobiliário modernos não pesou aos cofres da Academia. Para dar-lhes a medida do nosso empenho memorialístico, já digitamos as Atas Acadêmicas de 1897 até 1970. E, operando agora na internet, já dispomos do que se convenciona chamar, em inglês, de *home page*.

Começamos a informatizar a nossa biblioteca. E, ontem mesmo, por meio de um comodato estabelecido com a Universidade Federal do Rio de Janeiro, trasladamos para a Academia Brasileira de Letras os valiosos móveis de Machado de Assis.

Estamos concluindo minucioso inventário de nossos bens mobiliários, a serviço do Museu da Academia. Publicamos o livro *Primeiras notícias da Academia Brasileira de Letras*, de Lúcio de Mendonça. Atualizamos e publicamos o Anuário da ABL. Lançamos a Medalha do I Centenário. Inauguramos o marco comemorativo que homenageia o nosso grande presidente Athayde. Celebramos o selo comemorativo emitido pelos Correios e Telégrafos, a medalha cunhada pelo Clube da Medalha, os três grandes prêmios da Academia. Obtivemos a concordância do Dr. José Ermírio de Moraes para elevar o Prêmio Ermírio de Moraes ao patamar de 75 mil reais, tornando-o talvez o maior prêmio do país.

Demos destino condigno a exemplares de nossas publicações, doando-os à Biblioteca Nacional e às bibliotecas do estado. E, graças à editora Ática, por meio de um estande que celebrava o nosso Centenário, estivemos presentes na Bienal do Livro, marco da cultura livresca do Brasil.

Outras iniciativas mereceriam registro. Forçoso, porém, é destacar a Semana do Centenário, que se abriu com um concerto comemorativo no Teatro Municipal, seguido de jantar na casa do acadêmico Roberto Marinho, de missa no Mosteiro de São Bento, oficiada pelo acadêmico Dom Lucas Moreira Neves, cardeal primaz da Bahia. E de uma sessão solene que contou, no dia 20 de julho, com a participação do presidente da República do Brasil, do primeiro-ministro de Portugal, do presidente da Xunta de Galícia, dos sete ministros das Relações Exteriores dos sete países de língua portuguesa, de acadêmicos estrangeiros, intelectuais, autoridades e numeroso público. Um extraordinário esforço político e cultural para rastrear, nessa sessão, a genealogia da língua portuguesa, a partir do galaico-português, passando por Portugal, até chegar aos demais países, incluindo o Brasil, toda ali representada.

Outras celebrações e iniciativas caberia realçar. Limito-me a destacar o zelo extremado dessa presidência com a administração dos bens patrimoniais, econômicos e financeiros da Academia. Orgulho-me de haver aportado para o seu erário, sob forma de patrocínio, quase 800 mil reais (que à época equivaliam a 800 mil dólares). Tive todas as minhas contas aprovadas sem qualquer ressalva. Aliás, quando da apresentação do Orçamento do Centenário, que não tinha limites formais, de responsabilidade exclusiva da presidente, recebeu ele imediata aprovação do plenário. E, mais que isso, mereceu louvores espontâneos de todos os acadêmicos presentes. O acadêmico Lêdo Ivo encaminhou-me o melhor elogio. De forma sutil e gentil, acusou a presidente de avara nos gastos do Centenário. Outra informação: não toquei num só centavo das aplicações financeiras da Academia. Deixo essa casa, segundo nosso respeitável auditor oficial, com surpreendente e elevado superávit.

Assim, queridos amigos, autorizo-me retornar ao lar com o sentimento do dever cumprido. Tudo fiz com amor, sob o impulso de severo sentimento de honra. Honra é um apanágio moral, diria mesmo superior às minhas reivindicações estéticas de escritora.

Respeitei, assim, Machado de Assis, nosso primeiro presidente. Tornei-me digna dos presidentes Austregésilo de Athayde, Josué Montello e Antônio Houaiss, que me precederam com brilho nesse posto tão difícil. Serei agora sucedida pelo acadêmico Arnaldo Niskier, e essa sucessão me reconforta. Em suas mãos não temo o destino da Academia Brasileira de Letras, em especial do Centro de Memória, que se iniciou nessa minha gestão.

O novo presidente, Arnaldo Niskier, é um educador associado aos grandes temas nacionais. Seu espírito inquieto promove ação, dinamismo. Sua vocação mobiliza a realidade, não teme obstáculos. Desejo-lhe, leal companheiro que foi da minha administração, uma feliz e serena gestão à frente da Academia Brasileira de Letras. Esses votos seguindo para Ruth, sua suave companheira. E a toda a sua diretoria, composta de grandes acadêmicos.

Agradeço, comovida, aos membros da diretoria, que nunca me faltaram nesse período tão fecundo. E ainda aos senhores acadêmicos, que confiaram o destino da casa e do Centenário à minha pessoa sem qualquer reserva. Com que generosidade eles me aconselharam sempre que busquei suas palavras sábias.

Agradeço aos funcionários dessa casa, inexcedíveis em seus esforços de trazer luz e brilho à nossa instituição. E, em especial, agradeço àqueles que patrocinaram os nossos sonhos. Graças a eles, esses sonhos ingressaram no cotidiano dos homens.

Agradeço à minha mãe, à família, aos amigos, a infinita paciência. Não tive nesse período vida privada. Agradeço às esposas dos senhores acadêmicos, que tanto me estimularam nesse ritual de passagem. E ainda aos brasileiros que confiaram na nossa instituição.

Agradeço à língua lusa a paixão que me inspira sem esmorecimento. E aos escritores brasileiros por sua irrenunciável fidelidade ao texto.

Até breve, queridos amigos. Onde estiver, servirei sempre à Casa de Machado de Assis. À memória brasileira. Ao meu país.

Discurso proferido por Nélida Piñon, presidente da Academia Brasileira de Letras, seguindo praxe acadêmica, durante o velório do acadêmico Antônio Callado, em 28 de janeiro de 1997, realizado no Salão dos Poetas Românticos, do Petit Trianon, no Rio de Janeiro.

Saudades de Antônio Callado

O mistério e a dor da morte só são comparáveis aos mistérios e às dores da vida. O mistério da morte invadiu hoje o teu corpo, Antônio Callado, como já o fizera a dor de viver.

O amor das palavras, contudo, ninguém melhor que ti nos legou. O valor do verbo que encontro agora tão frágil ante a tarefa de, com ele, e tão só com ele, tentar reviver a ti, a tua densa e opulenta biografia. Que pode afinal esse verbo, inquieto e fugaz, dizer de uma existência que, em confronto com as dificuldades da sua contemporaneidade, desdobrou-se em gestos e obras? Ambos ansiosos por afirmarem tua fidalguia, tua moral, tua coragem?

Hoje nos despedimos de ti, amigo Antônio Callado. Nós que contigo convivemos numa cotidianeidade às vezes banal, modesta, necessária, sem nos enganarmos jamais quanto ao privilégio de que desfrutamos ao longo desses anos de amizade.

Tivemos sempre, à mesa da vida, um erudito, um descobridor de mundos, um esteta inexcedível, um protagonista nunca omisso das lutas em defesa da liberdade. A imortalidade que essa Academia te concedeu concedeste a ti mesmo bem antes de nós, para tal inscrevendo-se como modelo de uma geração de intelectuais que muito cedo encontrou o arbítrio como parâmetro de seu tempo. Diante dele, Antônio Callado, mantiveste a cabeça erguida, a palavra pronta, a calma certeza dos caminhos a percorrer. Onde tantos se perderam em descaminhos de submissão, soubeste afirmar o primado da honradez.

Nosso idioma, que foi teu companheiro inseparável, não tem nesse momento utilidade maior que a de exprimir a gratidão de todos os brasileiros. Pois se minha pátria é minha língua no legado além-mar de Pessoa, nossa pátria, nossa língua, a terra espiritual que habitamos tiveram em ti, Antônio Callado, o amigo de todas as horas. Horas do romance, horas do teatro, do dia a dia de um jornalismo que ousou testemunhar, interpretar, influir nas concepções estéticas e éticas de uma época brasileira.

É o amor ainda da própria língua que te destina a abrir-se à criação maior, a enveredar pelas regiões do poético, em obediência ao ofício de inventar imaginários que vicejaram nos extratos múltiplos da alma brasileira. Dessa forma contribuindo para constituir o patrimônio espiritual da humanidade. Só a generosidade dos grandes artistas impulsiona um homem a aproximar os brasileiros — pelo esforço e pela genialidade do teu verbo — das suas faces ocultas de si mesmo, daquelas mais antigas, mais esquecidas, celebradas nas páginas clássicas de *Quarup*.

O PRESUMÍVEL CORAÇÃO DA AMÉRICA

Callado, amigo, não conheceste economias na alma. Generoso, te ofereceste por inteiro ao ofício de escritor. Aceitaste os desafios mais ingratos, que são paradoxalmente os mais exaltantes, porque teu espírito, ávido de mundo, senhor de culturas várias, dispôs-se a todas oferecer ao mais anônimo dos teus leitores.

Quantos desses brasileiros terão pisado o chão misterioso do Xingu, compartido a tragédia do Vietnã, pela mediação amiga da tua inteligência e do teu sentido de aventura. Por essa mesma mediação, outros terão conhecido a permanência e a mobilidade dos valores, assim como terão reafirmado, sob inspiração de tua trajetória, o voto de confiança na história, na memória dos homens.

Esta Casa — a Academia Brasileira de Letras — se inspira nesses valores de permanência e recriação das artes que tão bem encarnaste.

Assim, ao vivermos hoje o luto da tua perda, ao despedirmo-nos de um filho amado, sofremos o mesmo luto que, sem dúvida, se abate sobre a cultura brasileira. E que nos autoriza a proclamar o nosso reconhecimento a Antônio Callado, que entre nós espargiu esperanças, confiança no que de melhor o espírito humano emprestou aos nossos destinos.

Gratos te somos, amigo. Que te seja grato para sempre todo o Brasil.

Repousa em paz, Antônio Callado.

Seguindo a tradição da Casa de Machado de Assis, a presidente da Academia Brasileira de Letras, Nélida Piñon, fez, durante o velório do acadêmico Darcy Ribeiro, ocorrido em 17 de fevereiro de 1997, no Salão dos Poetas Românticos, do Petit Trianon, o discurso de despedida "Nobre viajante".

Nobre viajante

Tão logo nascem, os homens fazem perguntas. Questionam a exata medida humana, o destino que os aguarda na terra. Indagam se é forçoso ter uma língua e uma pátria irrenunciáveis. Se é cabível romper o caos da realidade para engendrar sucessivas utopias.

Decerto fizeste essas mesmas indagações quando descobriste as múltiplas dimensões do sonho humano, quando te tornaste ardoroso adepto da causa do homem, quando te convenceste do poderoso ser brasileiro que te habitava. Desde muito cedo havia em ti sobejas razões para crer em um destino individual que se confundia com a história da pátria.

Tanto assim que, por onde ias, levavas cinzelada no corpo a geografia do Brasil. Risonho, e com afinco, viajavas pelo coração desse país, elegendo-o como pouso, reduto definitivo da tua imaginação. Através do teu imbatível espírito como que desfilavam cenários de um país que ias soberbamente batizando com as palavras provindas da tua sôfrega paixão, de teu lúcido engenho criador. Aquelas palavras faustosas, forjadas a ferro e fogo, que em teus livros expressavam o ideário da esperança, da revelação intelectual. Matéria viva e original com que teceste a grandeza de um país chamado Brasil.

Raros amaram tanto esse país como tua alma libertária. Poucos mereceram o sentimento aceso em nós de uma imortalidade que te é concedida, hoje e sempre, por força do teu gênio. Por isso, Darcy Ribeiro, como disfarçar, nesse mundo, essa tristeza de quem se exila, de quem perde porções da terra, de modo a que não te sintas culpado por nos haver deixado tão cedo?

Como comportarmo-nos para que os nossos protestos pela tua partida não te soem injustos, uma vez que eras livre para ir em busca de outras utopias, já que as nossas tardaram tanto em se concretizar. Quem sabe disseste para ti mesmo que já nada devias ao Brasil. Tua alma podia caminhar livre agora pois tua dívida de brasileiro genial fora mil vezes quitada. A nós, restando então a condição de devedores, o desconsolo de prantear a tua jubilosa memória. De afirmar nas noites do futuro que o fracasso de cada um dos teus sonhos traduz-se em nós como um inesgotável legado.

Ah, Darcy, o Brasil não estava preparado para perder-te. Não estávamos prontos para viver essa dor. Nada parece assegurar-nos, nesse instante, que a imaginação brasileira, que tão bem encarnaste com tua fabulação, com tua índole inaugural, continua ao nosso alcance, disposta de novo a traduzir a nossa condição nacional.

Talvez sorrias agora diante da missão que me cabe de fazer-te o elogio. Um elogio que não precisavas ouvir para certificar-te do meu desacerto com as palavras. Faladas ou escritas, elas desfalecem nesse empenho. Pois tu és maior que a glória que, hoje cristalizada, te garantimos eterna. Descanse, imperador brasileiro, senhor dos atributos inerentes a essa nossa civilização tropical — pois tua amiga, voz emprestada de milhões de brasileiros, proclama que aqui repousa um homem que se bateu pelas utopias dos poetas, dos artistas, dos cidadãos livres.

Estou tentada a dizer-te quantas vezes nos fizeste chorar por um Brasil que ainda não tínhamos, por um Brasil que o teu ânimo iracundo enxergava com a prodigiosa visão do futuro. Convocava-nos a erigi-lo com mãos oriundas todas de uma genealogia esplendidamente espúria, de irremissível mestiçagem.

De uma genealogia que desde os primórdios rebelara-se contra os expurgos étnicos, estéticos, utópicos. Há muito começáramos a construir uma nação com o sangue e o sonho de todos os homens.

Quantas vezes nos falaste, como mestre e criador, que devíamos redefinir o Brasil, exercer o direito de escrutinar a nossa psique, compreender de que matéria de vida forjara-se a alma brasileira, inaugurar metáforas. Para que entre tantos objetivos valorizássemos a coragem com que nos lançamos à ilusão, esse irresistível ingrediente da realidade. Buscássemos aceitar, como conquista civilizatória, as alegorias brasileiras, o pacto com formas novas do tempo, a cumplicidade profunda com as culturas autóctones, populares e eruditas, indissolúveis entre si.

Advertiste-nos, sim, de uma certa pátria falsa erigida sobre certas matrizes, ao preço do sacrifício secular do seu povo. Proclamaste tua refulgente ira contra as iniquidades, moedas do cotidiano. Com o teu sentido épico, defendeste as crianças, os índios, as mulheres, na pretensão absurda e maravilhosa de restaurar-lhes a dignidade.

Darcy, nobre navegante, a tua ausência decerto será breve. O tempo apenas de trazer-nos de volta a sombra do riso e do protesto, o dilúvio das ideias, aquelas velas içadas pela tua imaginação.

Nós nos despedimos por ora com a certeza de que a tua morte envelhece o nosso coração. Dá-nos a noção de ser o Brasil maior do que a nossa capacidade de sonhá-lo. Um Brasil que nos ofertou um homem único e irrepetível como Darcy.

Repouse, agora, em cada um de nós para sempre. Bem sabemos que a tua existência apenas começou.

Discurso pronunciado na Academia Brasileira de Letras por ocasião do falecimento do acadêmico Antônio Houaiss, ocorrido no Rio de Janeiro, em 7 de março de 1999.

Mestre de todos nós

Sempre foi o mestre de todos nós. Ali estava ele sempre, em qualquer parte do Brasil, fecundando a nação com a sua presença. Bastava estender-lhe a mão, dizer-lhe que o mundo era naturalmente complexo, de difícil tradução, requeria a palavra de um sábio para nos acercarmos dele, para que Houaiss sorrisse comprazido, como que em concordância com tais palavras.

A partir de então, ele dava início ao seu modo peculiar de explicar aspectos vários da realidade. Não nos chegava exatamente soberbo, antes dava voltas, criava círculos, rodamoinhos, esferas, até chegar ao epicentro, onde se concentravam as fascinantes respostas. Afinal, havia tanto que dizer. De que outro modo ir ao miolo, à essência das coisas, senão contornando-as, abordando-as com cautela, precavido, preparando o anzol com o qual atrair o peixe vivo e prateado da resposta?

Só após esgotar tantos e outros recursos, Houaiss acrescentava que, se tempo houvera, muito mais teríamos a ouvir do seu saber. Como que ciente de que a realidade dos homens, tendo gosto em camuflar a enigmática verdade, tinha ele como persegui-la. Para tal tertúlia, quem sabe nos sentaríamos no Bar Vilariño, perto da Academia, bem na esquina, onde conversaríamos longamente. Para ele havia que entremear as verdades tidas como celestiais com aquelas originárias de um cotidiano regulado pela repetição, mas cheio de encantos. Pois que Houaiss não temia ser simples e complexo ao mesmo tempo. Entendia os sistemas solar, matemático, verbal, assim como o dia a dia desgovernado, apaixonado, sem respostas opulentas. Era essencialmente solidário com a vida. Queria-a esplêndida para todos. Uma generosidade refletida no seu olhar, quando nos fitava, registrada nas suas atitudes pessoais, políticas, ao longo da sua esplêndida e coerente biografia. Quantas vezes me contemplou com um olhar benigno, compreensivo. Como se estivesse sendo, naquele instante, um dos meus espelhos. E eu lhe sorria, desfrutando do orgulho que ele me inspirava. Sentia-me maior do que sou, reconhecendo e aplaudindo a sua grandeza. Ele, para mim, ajudava-me a sintetizar um Brasil que eu amava e queria à força preservar. Como se eu, com o meu modesto dom de mortal, pudesse imortalizá-lo. Impedir que ele, já bem doente, se fosse, nos deixasse sozinhos nessas trevas brasileiras que parecem agora dificultar os nossos passos.

    Acaso convém mencionar sua sabedoria, seu enciclopédico saber, as obras que realizou, o seu legado? Prefiro recordá-lo ao falar-me, seguidas vezes, de sua mãe ou de Ruth, a quem tanto amava. Nascera com a vocação de amar as mulheres. Talvez as amasse com o olhar levantino e complacente, mas que importa? A verdade é que esse apreço pelo feminino estendia-se à humanidade e ensinou-lhe a arte da galanteria, que tem dimensão moral. Daí agir com apurada elegância, acreditar profundamente na força da polidez, como forma de congregar os homens, de aparar as diferenças, de valorizar o uso da palavra. A palavra, que era seu território sagrado, podia golpear, mutilar, ferir, mas também expressava sentimentos, forjava universos, era imperativa, legitimando a condição humana.

Falava-me da mãe com intensa doçura. Tinha a memória impregnada pelos seus feitos amorosos. De tanto amar o filho, essa árabe audaz, que veio ancorar no Brasil, pavimentou-lhe o futuro com afetos, prazeres, intensas fruições. Tudo, enfim, que a vida mais tarde consolidou. Era essa mãe ainda, tão devotada, que o levava para a cozinha, não querendo de modo algum deixar o caçula na sala, imerso nas sombras da solidão. E porque ela atuou assim, desde muito cedo o menino Antônio pôde sentir os aromas que emanavam das panelas, ingressou nos mistérios das especiarias, nos detalhes que transformam um simples alimento em repasto nobre. E entendeu, para sempre, que o convívio fraterno iniciava-se em meio às chamas do fogão.

Custa-me agora crer que não o verei mais quando regresse a essa casa. A ninguém mais indagarei de Houaiss, como se encontra ele. Temos sofrido tantas perdas! A memória já nos ameaça com seu conteúdo abrasador. Domina-nos cada vez mais. Que saudades, Antônio Houaiss. Grande brasileiro, amigo, intelectual, ilustre membro da Academia Brasileira de Letras, de que foi presidente, homem público, renascentista. Um ser irrepreensivelmente civilizado. Descanse em paz.

Discurso enviado da Espanha por ocasião do falecimento do acadêmico Afrânio Coutinho, ocorrido no Rio de Janeiro, em 5 de agosto de 2000, e pronunciado em sessão de homenagem ao acadêmico.

Mestre amigo

Há muito Afrânio Coutinho começara a despedir-se. Ia abandonando devagar tudo que fora sua razão de viver. Como se lhe custasse deixar um cenário onde protagonizou, com talento e devoção, o papel de intelectual, mestre, esposo, pai, avô, amigo.

Poucos homens associaram-se de forma tão intransigente com os seres que elegera amar, raros empenharam-se em servir tanto à cultura brasileira, às causas inspiradoras do seu ideal.

Agora que ele partiu, já não podemos, como nos últimos anos, emocionarmo-nos com sua presença, quando, em sua cadeira de rodas, comparecia à Academia a cada quinta-feira. Trazido por Sônia, devotada companheira que jamais lhe faltou, ele vinha, destemido, pronto a lutar pela vida, pelo diálogo com os amigos, fonte de prazer para ele.

Fiel servidor dessa casa, exibia inusitado fervor a cada nova candidatura. Aliás, seu caráter apaixonado sempre postulou com firmeza pelas instituições a que se vinculara, pela amada Oficina Literária, pela sua magnífica biblioteca, verdadeiro legado nacional pelos padrões civilizatórios brasileiros, pela sua obra crítica, empenhada por inteiro em interpretar que psique ancorara na alma do Brasil, em dizer quem somos, de onde viemos.

Desde que o conheci, julguei-o um modelo de lealdade. Alguém entregue ao exercício da amizade, que constituía para ele um bem superior do espírito. Assim, portanto, tornava-se honroso ser eleito objeto de sua afeição. Eu, pessoalmente, tive-o como mestre e amigo em diversas oportunidades. Em 1966, diretor da revista *Cadernos Brasileiros*, fui sua assistente literária. Mais tarde, em 1970, diretor ele da Faculdade de Letras da UFRJ, graças à sua visão progressista, inaugurei um curso de criação literária, até então inexistente no Rio de Janeiro. E, finalmente, julgando-me merecedora da ABL, apoiou com firmeza a minha candidatura.

Comove-me muito a notícia de sua morte. Custa-me acreditar que esse grande brasileiro afinal despediu-se, embora nos deixe o legado de sua obra e de sua crença na vida.

Até sempre, querido mestre e amigo.

Tributo a Carlos Chagas Filho durante a sessão da Academia Brasileira de Letras do dia 16 de março de 2000, dedicada a homenagear a memória do acadêmico, falecido em 16 de fevereiro daquele ano.

O discurso de Nélida Piñon foi lido pelo acadêmico João Ubaldo Ribeiro.

O humanista

Prezo em falar de Carlos Chagas Filho como se seguisse entre nós, vinculado a cada qual, em particular, e à causa humana, de forma irrevogavel.

Mas não lhes falo hoje de suas glórias terrenas, dos títulos nacionais e internacionais, dos excepcionais méritos intelectuais. Elejo, para comover-me, sua intensa e magnífica humanidade. O amigo de mirada franca e vivaz, a escrutinar o mundo sem por isso soçobrar. Dono de um humanismo que não temia ferir-se com a emoção advinda da matéria dos homens.

Com que alegria, em inesperadas quintas-feiras, registrei sempre sua entrada no recinto acadêmico! Preso, nos últimos anos, à cadeira de rodas, parecia estar nela à vontade, como se sua compostura moral aceitasse naturalmente o socorro alheio.

Diante dos aplausos com que era recebido, demonstrava prazer quase juvenil, sem abandonar por isso a atenção posta na imanência das coisas, nos sintomas da realidade. Nada lhe parecia desprovido de interesse, de consequência.

Ah, como suas gravatas e seus lenços coloridos traziam-me leveza, confiança na estética do cotidiano. Esses adereços jamais refletiam frivolidade, simbolizavam simplesmente sua presença no mundo, a declaração de estar sintonizado com as criações, os desafios, as aflições de seu tempo. E com que fervor eu o via abraçar as questões contemporâneas sem expulsar sua crença em Deus, o impacto da fé! Ao longo de sua trajetória, intensamente biográfica, foi um homem que não se resguardou dos conflitos da grei humana, da complexidade que rege as relações sociais. Sobretudo soube guardar, até o fim, a imaginação do cientista e do homem incendiado pela comoção e pela misericórdia.

Em diversas ocasiões, Carlos Chagas Filho ajudou-me a alargar o meu horizonte. Confiou em mim, incorporou-me a iniciativas das quais esteve à frente, como quando me convidou a participar do encontro dos intelectuais brasileiros com o Santo Padre, no Sumaré, há tantos anos, em época em que a presença feminina era ainda tão escassa.

Juntos, ele e Annah querida abriram as portas da casa para mim. Com carinho, elegância de sentimentos, compostura serena, profunda reverência pelo mistério da existência, reforçaram minha crença no outro, nas marcas civilizatórias.

Por tudo que me regalaram, tenho-os sempre presentes, devoto-lhes profundo benquerer, sou-lhes comovidamente agradecida.

Pronunciamento durante a sessão de saudade dedicada à memória do escritor e acadêmico Jorge Amado, em 9 de agosto de 2001, no Salão Nobre do Petit Trianon.

O terno Jorge Amado

O sobrenome de Jorge, Amado, desde o berço emitiu sinais de que viria a ser amado pelo seu povo. Aquele homem, que tinha cara de árabe, mas jeito baiano, estava destinado a criar uma obra que deitaria raízes no imaginário da sua gente.

Tudo nele apontava para essa configuração brilhante, particular e universal. Distinguia-se onde estivesse. E não porque falasse alto, ditasse regras, adotasse atitudes canônicas. Seduzia devagar, com os olhos vagando pelas paredes da sala e do mundo. Andava, porém, com firmeza, diria mesmo com sutil leveza. Seu corpo falava, tudo nele dizia que era alguém sabendo por onde pisava. Certo de seu percurso.

Embora se sentisse ao gosto em Paris, em Barcelona, em Lisboa, em diversas cidades do mundo onde casualmente estivemos juntos, ostentava com naturalidade sua condição de brasileiro. Às vezes, usando camisas tropicais, outras vezes, em especial nos últimos anos, envergando um terno nunca convencional, ou mesmo com o fardão da Academia Brasileira de Letras, da qual era membro. Mas sempre um cidadão da Bahia que converteu o seu cosmopolitismo em matéria brasileira.

Comovia-me vê-lo ao lado de Zélia Gattai, companheira inseparável de cinquenta e tantos anos, um amparando o outro, cada qual se vendo no olhar que partilhavam. Quantas vezes, entre amigos, entretido com uma conversa alimentada de peripécias, era comum vê-lo esquecer-se de algum detalhe rigorosamente insignificante. Nessas horas, porém, sem sofrer por não se lembrar algo que bem poderia substituir pelos recursos da invenção, aprazia-o recorrer a Zélia. Seu *alter ego*, sua mulher amada, cabia a ela completar o que lhe estava faltando, de modo a continuar a sua narrativa oral.

Zélia Gattai, então, dona de uma memória a serviço de Jorge Amado, provia-o imediatamente com receitas culinárias, com letras de bolero ou de tango, com evocações miúdas, o que enfim lhe fizesse falta. Tudo a que ele próprio, grande romancista, não dera aparente atenção, mas que estava certamente incorporado à sua matriz de criação, capaz, portanto, a qualquer momento, de gerar preciosos elementos para as suas construções ficcionais.

Esse homem, sempre generoso, conquanto cercado de admiradores, de aplausos, jamais deixava de olhar em torno em busca do rosto amigo, na ânsia de incorporá-lo à sua glória, à sua história pessoal. Valorizava a amizade, os gestos imorredouros, a lealdade. Dava contínuas e explícitas provas da existência do próximo.

O PRESUMÍVEL CORAÇÃO DA AMÉRICA

Foi meu leitor, nos idos de 1960, antes mesmo da minha estreia literária, sem eu lhe ter pedido. Confessou, então, haver gostado do livro. Suspeito, porém, que seu julgamento estético obedecera a um rasgo de generosidade. Quem sabe enternecido com uma jovem que também elegera a literatura como forma de viver. Em quem via igual paixão pelo romance que ele, com sua obra, demonstrava publicamente.

Recordo o jantar que o compositor do musical *Dom Quixote*, grande sucesso então na Broadway, ofereceu-lhe em 1978, no restaurante Four Seasons, em Nova York, por motivo de Jorge e Zélia Amado haverem legalizado naqueles dias uma união conjugal iniciada em 1945.

Com que alegria os noivos, em meio aos amigos, entre os quais se destacava o grande editor Alfredo Machado, outro brasileiro cosmopolita, assopraram as velas do bolo de vários andares, celebrando os filhos Paloma e João Jorge e os netos, que haviam ficado na Bahia.

Ainda naquela semana, celebramos na casa de campo de Alfred Knopf, fundador da mítica editora americana, seus 80 anos. Tive, então, perfeita noção de estar presenciando o singular encontro entre duas grandes personalidades do mundo da cultura, enquanto bebíamos aquele champanhe americano que Nixon bebera com Mao Tsé-tung, em Pequim, por motivo do reatamento diplomático entre a China e os Estados Unidos.

Nessa ocasião, registrei a naturalidade com que Jorge, sem esmorecer, sem americanizar-se ou deixar de ser baiano, sabia bater à porta do mundo, ostentando a chave de quem tinha uma casa simbólica à qual retornar.

Sempre amei sua brasilidade. Como sabia identificar os utensílios, os sentimentos, o corpo místico da nação. Como captava os ruídos populares, traduzindo-os por meio dos lamentos amorosos de seus personagens, para alcançar assim a rara façanha de associar sua esplêndida imaginação, povoada das captações humanas, com o próprio instinto narrativo do povo brasileiro.

Foi sempre um escritor que, a golpes imaginativos, misturou-se com a vida. Entre ele e a intriga não havia qualquer distância. Essa matéria humana, fornecida diariamente pelos homens, lhe era familiar. Sua extensa e notável obra novelesca soube abolir os empecilhos que pudessem apartá-lo do povo a que aspirava representar.

Inventou para tanto uma nação chamada Bahia. Um território ficcional com personagens emblemáticos, arquetípicos, voltados para a aventura humana, a compaixão, as causas populares. E, no afã de dar-lhes vida, tomou de sua pena mágica e a lambuzou de emoções, sentimentos, sortilégios. Criou, enfim, histórias nascidas da inadiável necessidade que temos de ver nossas histórias contadas.

Estou convencida de que Jorge Amado e sua obra instalaram-se para sempre no coração brasileiro. Não concebo o meu país sem suas invenções narrativas. Sem ele mesmo ter existido, para nos engrandecer.

Pronunciamento por motivo da homenagem que o Pen Clube do Brasil prestou a Nélida Piñon, quando de sua eleição para a presidência da Academia Brasileira de Letras, em dezembro de 1996.

A fidalguia das ideias

Há muito frequento essa casa. A casa do espírito e da cordialidade. A morada que aceita discórdias, mas promove, entre seus membros, as afinidades eletivas, as coincidências éticas e intelectuais. Um centro onde se albergam os seres que se colocam sob o primado de um humanismo que não quer e não pode fenecer. E que, embora tenha muitas vezes sucumbido às obscuras noites do arbítrio e da prepotência, sempre tem alento para regenerar-se e de novo ocupar o âmago dessa alma nossa, sofrida e sensível.

Aqui estamos nós em torno da mesa e das palavras, apressados em renovar a fidalguia dos gestos e o prazer das ideias. Enaltecidos por celebrar um mundo que pretendemos gentil e denso, capaz de assegurar-nos, no entanto, e a cada amanhecer, que, contrário a tantas evidências, não fazemos parte de uma espécie prestes a extinguir-se. E que, sob o amparo dessa confiança, orgulhamo-nos de integrar uma raça que, a cada ano, como agora, dá seguidas provas de resistir, de acumular os traços essenciais de uma cultura em torno da qual gravitamos irremediavelmente apaixonados.

Revestidos, pois, dessa convicção, recusamos aquelas mutações, ameaças que lesam, empobrecem as reservas de uma civilização que veio o homem acumulando desde os primórdios de sua misteriosa gênese. Sob o impulso, então, dessa noite tão aprazível, bem podemos reforçar nossa crença na arte, em que, por sinal, nossas histórias estão narradas. Proclamar nossa irrestrita adesão à liberdade de pensar, de falar, de sonhar. Nossa solidariedade aos que padecem injustiças, perseguições, vítimas diárias de tantas iniquidades sociais. Acentuar nossa devoção às palavras, que há muito amamos. À língua que, nascida dos estábulos, das feiras populares, das instâncias humanas, não cessa de fazer sangrar o coração do homem. Ao verbo que, por força de sua origem espúria, dispensa com brio atestados ideológicos, simetrias estéticas, para melhor circular entre as criaturas. Todas as palavras, enfim, que trazem consigo, como nobre insígnia, as benfazejas marcas que deitam raízes na própria condição humana.

Enaltece-nos saber, hoje e no passado, que o Pen Clube dispensa seus membros de ostentar emblemas sociais e galhardias econômicas. Requer ele de nós apenas que nos ocupemos da arte de inventar, de fabular, das rubricas soltas e à deriva da cultura, da reflexão intelectual. Exige que consideremos a casa do outro extensão da nossa própria morada. E que a palavra do vizinho, metáfora aguda, seja respeitada como se fora o arfar advindo do nosso mesmo verbo.

Senhor presidente, senhoras e senhores: sou grata pela generosa homenagem que ora me prestam por motivo de minha eleição para a presidência da Academia Brasileira de Letras. Sob a proteção desse grato encontro é um prazer para mim exaltar a presença dos membros do Pen Clube do Brasil, assim como as excelências dos frutos da terra que ora compartimos. Esse sal, esse açúcar, esse vinho que animam nossos devaneios e fortalecem o convívio. Permitam-me que, ao lhes desejar um feliz 1997, renove, junto ao espírito de cada conviva, minha crença nessa humanidade onde cabe inteiro, indivisível, o esperançoso coração humano.

Muito obrigada.

Discurso de recepção à escritora Rosiska Darcy de Oliveira quando de seu recebimento nos quadros do Pen Clube do Brasil, em sessão solene realizada no Palácio do Itamaraty, no Rio de Janeiro, em 2 de março de 1998.

Mulher da pólis

Contemporâneas, brasileiras, contemplamos a mesma paisagem urbana. Amigas e parceiras do ofício literário, repartimos entre nós devoção pelo verbo e pelas criaturas.

Nessa condição, grata e múltipla, aqui me encontro para homenagear Rosiska Darcy de Oliveira. Com especial emoção, dar-lhe as boas-vindas ao Pen Clube do Brasil, quando essa renomada instituição recebe-a entre seus pares na qualidade de membro titular.

Há muito Rosiska Darcy e eu, sob o resguardo das fabulações inerentes ao cotidiano e à arte, espargimos entre nós, e em torno, narrações, afinidades, evocações. Igualmente crenças naqueles momentos que, por sua relevância, se sobressaem na cultura à qual ambas servimos com irrestrita fidelidade.

Circunscritas assim a uma memória de índole arqueológica e acumulativa, compraz-nos ceder à comunidade, sobretudo aos amigos, porções significativas de um enredo privado e coletivo que fazem parte de um tempo comum a todos nós, e de uma civilização que zelamos por preservar.

Bens esses que, de verdade, se prodigalizam e tornam-se estimulantes quando entregues à cobiça narrativa de certa amiga que, tendo a literatura como destino, foi designada por Rosiska Darcy a fazer-lhe o louvor. Uma honra que agradeço comovida.

Graças, pois, a esse princípio narrativo que tutela a todos os homens, e ao generoso afeto de Rosiska Darcy, toco as bordas dos seus sentimentos, matéria sempre sutil e delicada, enveredo pela sua memorável biografia. Guardo em mim a sua constelação familiar: a casa, o marido Miguel, companheiro de uma jornada de trinta anos, os irmãos, os amigos. Desfruto da fidalguia de uma grei que enaltece os haveres do espírito e que me toma pela mão para que lhes conheça o cotidiano.

A casa familiar, onde Rosiska nasceu, e onde ainda vive, emerge da Floresta da Tijuca em meio à súbita neblina. Cercada de um verde cromático, de matizes imperceptíveis, esse território como que obedece a um desígnio teatral. Parece um cenário que reproduz muitas moradas naquela única residência. Tudo ali repousa sobre a promessa de perdurar. Esse ambiente, aconchegante e dilatado ao mesmo tempo, oferece à escritora o sustentáculo do afeto e da ilusão originária da arte. Um lar que é a sua veemente metáfora do Brasil. Entre suas paredes, e nunca em outro lugar, pode-se encontrar o seu epicentro. Desse promontório, Rosiska ausculta o coração da pátria.

Nessa casa, ela e Miguel abrem as portas para que lhes meçam as tradições, a acolhida. A imaginação da autora e

O PRESUMÍVEL CORAÇÃO DA AMÉRICA

da mulher de pensamento aí deita raízes. Um espaço, entre o imaginário e o real, ocupado por mitos, figuras lendárias, personagens, reflexões, ideias, que afloram ao longo da escritura, das leituras, das experiências pessoais e intelectuais. O palco do seu universo criador, onde a alma se renova, resiste.

Nessa parte do mundo — o seu melhor mundo — estiveram, e pousam ainda, Marina e José, seus pais, que há muito se foram. O apaixonado e caloroso viver deles, porém, refletindo nas coisas, nos filhos, Mariska, José Carlos e Rosiska, nos sobrinhos encantadores.

Na sequência de uma vida coerente, esses pais, de exceção, faziam o cotidiano transformar-se em aventuras, benesses, festas. A vida, que eles engendravam em torno da mesa e do jardim, fornecia a todos, indistintamente, emoções, fantasias, memórias futuras. Marina, inesquecível para os que a conheceram, costumava proclamar, enquanto dispunha iguarias e seus objetos de estima sobre a mesa, que seus filhos, tão amados, eram os convidados de honra dela e do marido José.

Desde a mais tenra idade, essa mãe singular teceu o destino social daquela menina inquieta, tão afeiçoada à vida, e que se destacava entre todos. Sendo dona Marina, ela própria, professora, encaminhou Rosiska à escola pública e, mais tarde, ao Instituto de Educação. Quis que conhecesse de perto, como aluna, e depois como professora, crianças egressas de esferas traumáticas, acossadas pela pobreza e pelas humilhações. Convinha que a filha se formasse em um sistema que congregava brasileiros sem distinção de classe.

Rosiska Darcy estudou e formou-se em meio a esses princípios igualitários. Eles lhe pautaram a consciência cívica, tão apurada, impuseram-lhe na prática condutas solidárias, irrestrita adesão à justiça, aos desfavorecidos da sorte.

Desde criança, suas peripécias existenciais são vividas sob o impulso da liberdade, do discurso franco, da coragem de esgrimir negativas. Sob a égide de uma imaginação que a libera para experimentar o voo impulsivo, desbravador, que projeta para a vida e do qual não há retorno.

Esse entorno familiar dita-lhe as regras básicas do mundo. A jovem escritora cedo dá início à sua travessia pessoal, intransferível. Intui ser mister cumprir a sua viagem iniciática. O curso da vida, que é inapelável.

Forma-se em Direito, na PUC do Rio de Janeiro. Dedica-se, muito jovem, ao jornalismo. Nas redações, desperta o respeito de experimentados jornalistas. Tem, pois, outra carreira à frente. Contudo, casar-se com Miguel Darcy de Oliveira, diplomata de talento, que recebera, ao graduar-se, a prestigiosa Medalha Rio Branco, segue com ele para Genebra, onde o marido assumiria seu primeiro posto diplomático.

Nesse ínterim, a ditadura militar, implantada no Brasil, impõe suas garras férreas. Obriga Rosiska, inequívoco sujeito da história, a insubordinar-se. Ao lado de Miguel, e com outros brasileiros vivendo no exterior, operam com presteza e denunciam junto aos organismos internacionais a opressão imposta à pátria.

Descobertos, Miguel é chamado ao Brasil, onde é preso. Rosiska, de índole destemida e certeira, move-se de longe em sua defesa. Liberto ele, reúnem-se de novo em

O PRESUMÍVEL CORAÇÃO DA AMÉRICA

Genebra. Dessa vez, destituídos de valores, de recursos. Ambos sem perspectiva profissional.

O exílio despoja-os de tudo, semeia sequelas injustas. Acelera em Rosiska os passos de sua viagem existencial. Transita ela agora pela realidade, contornando obstáculos, perigos, enfrentando os desafios impostos ao iniciante desse ritual. O cálice da amargura é-lhe apresentado a cada dia. Há que purgar-se, fazer sua ascese.

Instantes radicais para uma jovem. De um só golpe, subtraem-lhe a pátria, a família — esta pela distância —, a língua, os sentimentos dessa língua, o ofício de escritora. Posta à prova, não se rende. A Suíça converte-se em sua morada, mas impõe-lhe a adoção de novos códigos, de outra língua. Determina-lhe, como consequência, a renúncia ao português com que aferia a realidade, a estética, o pensamento. Aquela língua em que sonhara ser um dia escritora. Motiva-lhe dizer mais tarde: "Nenhum espelho revela melhor a identidade que o exílio."

A nostalgia pelo Brasil projeta-se em cada recanto seu. Esse intraduzível sentimento que, suspeito, jamais a deixou. O ser da travessia, no entanto, não esmorece. Não sucumbe à precariedade dos fados, que tecem os dias com fios invisíveis. Ao longo desses quinze anos na Europa, Rosiska aprende, com pungente dignidade, a desfazer-se de certos sinais visíveis da nacionalidade. Preserva, porém, intactos o Brasil e o universo que provém da Pedra Bonita, lá no Alto da Boa Vista Aquela casa, com tudo que a abastece simbolicamente, e o refúgio de sua esperança. Aprende, afinal, a sobreviver renunciando ao que lhe é mais caro.

Aquele mundo calvinista suíço, oposto às estridências dionisíacas da civilização brasileira, não a desterra. Muito pelo contrário, abre-lhe as portas, incorpora-a ao seu seio profundo. Oferece-lhe, em seus espaços, e nos dos países vizinhos, os recursos da cultura, da arte. Não há inadequação entre Rosiska Darcy e o país que a abraça.

A Europa, à sua frente, consolida sua inserção às fileiras civilizatórias. Ganha a medida do próprio sonho, intelectual e pessoal. Torna-se cosmopolita e mulher da pólis.

Situada, então, no lugar da crise, onde se instalam a vida e os seus atos voluntários e misteriosos, emergem dessas paragens a escritora refinada, a pensadora profunda, a mestra que ama a cátedra. Em meio a essa enriquecedora e difícil configuração, ela internaliza a Suíça no coração. Tem agora língua, amigos, lar. Fortalece uma aplaudida carreira internacional que atende à sobrevivência e à intensa demanda intelectual.

Sob o primado da arte, e decerto sob a inspiração do grande crítico de arte Mário Pedrosa, mestre e amigo desde a juventude, cujo exílio europeu, coincidindo com o seu, une-os firmemente, vive a inestimável aventura de conviver com mitos, ideários estéticos, cidades eternas. Uma Europa com estatutos de caráter fundacional.

Admitida como professora na Universidade de Genebra, nesse grande centro doutora-se em Educação. Tem mestres como Piaget, cujo convívio inspira-lhe ousadas teorias pedagógicas. Sua tese de doutorado, *A formação das mulheres como espelho da ambiguidade*, escrita em francês, dá-lhe afinal uma causa política e cultural, que viria a projetá-la nos fóruns internacionais e, posteriormente, no Brasil.

O PRESUMÍVEL CORAÇÃO DA AMÉRICA

Solidária com a questão feminina, assenhora-se de ideias, postulados, linguagens que registram as transformações sofridas pela mulher na sociedade a partir da década de 1960, as quais amplia com sua visão original e instigante.

Funda na Suíça, na sua Universidade, o Departamento de Estudos da Mulher. Desenvolve incessante atividade de consultoria junto às agências das Nações Unidas, em especial a Unesco, para as áreas da mulher, da cultura, do desenvolvimento e da participação política.

Intensifica seu saber. Como humanista, circunscreve-se ao pensamento evolutivo, ao enigma do estético e ao desafio da ciência. E, como brasileira, filha remota de uma contrarreforma reducionista, à qual reage, Rosiska Darcy aspira às simetrias perfeitas, encontradas na Renascença italiana. Comove-se com a sua gênese, que se enlaça em tantos instantes com os arcanos daquela Grécia que nos legou, entre tantas maravilhas, o conceito das falhas trágicas dos homens. É essa vizinhança que permite a Rosiska Darcy eleger Antígona, filha de Édipo, como representação paradigmática. Uma opção a partir da qual ela consubstancia outras representações, arcaicas e modernas, todas igualmente modeladoras.

O espírito transgressor de Antígona perpassa seu livro *O elogio da diferença — O feminino emergente*, de abordagem múltipla, considerado hoje emblemático e de consulta indispensável para o melhor entendimento da questão da mulher ao longo da trajetória humana.

Com extremada acuidade, Rosiska Darcy examina o comportamento de Antígona na história da heterodoxia ocidental. Em palavras suas, define o personagem: "nascida da transgressão, condenada a transgredir." Esculpe esse original princípio e alastra-o pelos demais temas abordados, todos em largo espectro, acrescentando: "Insistir na transgressão é deixar-se seduzir pelo impossível. Mas o impossível é o horizonte de Antígona."

Há no livro outra frase que modela o seu próprio destino de mulher contemporânea, com a radicalidade da sua confissão. Cito-a, pois: "Cada geração visita Antígona com a angústia do seu conflito e encontra nela um espelho que preenche com as imagens e os fantasmas do seu tempo."

Lapidar, esse pensamento intensifica-lhe a viagem iniciática, sem tempo certo para terminar. Leva-a, por meio da memória ancestral, quem sabe a Delfos, onde Édipo, por intermédio da pitonisa, escuta Apolo e dá início ao calvário da transgressão que deixará a Antígona, e as sucessoras e os sucessores seus, como legado. E que, armando Rosiska de inspiração, enseja-lhe a assumir a destemida posição de retificar a ideologia das ideias que escrutinam o óbvio, patinam nos vazios suntuosos. Enquanto ela impulsiona, por meio de impecável lógica, uma ideologia que, provinda dos sentimentos, bordeja aquelas regras quase litúrgicas, teológicas, que dizem respeito à realidade secreta do lar e, igualmente, a outros códices sociais dos homens. Ela instaura princípio ideológico, firme e rutilante, no centro do coração do cotidiano, que é, essencialmente, o cotidiano das mulheres, onde está, por sinal, a história dos homens.

A partir dessa visão, Rosiska Darcy identifica a colisão irremediável dos universos contíguos e contraditórios do feminino e do masculino. E, para melhor acentuar o caráter conflitivo entre o primado do público sobre o privado, que homem e mulher encarnam, nessa ordem, outra vez exemplifica com Antígona. A mulher que, contrariando o nefando arbítrio de Creonte, seu tio, enterra o irmão e inflige-se, como consequência, a pena de morte.

Circunscrita a seus temas centrais, Rosiska Darcy bate-se pelo princípio da diferença, aplicada à mulher. Inspira-se, aliás, na afirmativa precursora de Virgínia Woolf que aponta "a importância da diferença no debate sobre a igualdade entre os sexos". Rosiska observa ainda, em primorosa con clusão, a invisibilidade que cerca as mulheres com espessa aura, de modo a não serem devidamente observadas pelo olhar do poder, da sociedade. Como se, por haverem sido elas figurantes históricas de um tempo e de um espaço milenar e definido, não fosse agora necessário reverter esse quadro e atribuir a essas mulheres, afinal, a visibilidade social a que fazem jus.

Em torno dessas tantas premissas, Rosiska Darcy tem enriquecido seu pensamento. De modo algum dogmática, acata os princípios da ambiguidade que interdisciplinam as relações humanas em trabalhos e artigos que tratam tanto da condição da mulher na sociedade quanto na literatura. Temas esses expostos em suas aulas de literatura na PUC e em ensaios publicados em antologias e em livros como: *O elogio da diferença — O feminino emergente, Le Féminin ambigu, La Culture des femmes: tradition et innovation.*

Ainda em Genebra, associada ao professor Paulo Freire e a Miguel Darcy, funda e dirige o Instituto de Ação Cultural (IDAC) — que transfere para o Brasil posteriormente —, dedicado a pesquisas e projetos nas áreas da mulher, da cidadania, da saúde, dos direitos reprodutivos. Um trabalho que a leva a intermináveis viagens internacionais e a longas temporadas no continente africano.

De volta ao Brasil, após a anistia, multiplica-se em proeminentes atividades. Coordena o Fórum Global, da Eco 92, evento sobre as mulheres. É membro da delegação brasileira no Cairo em 1994, e em Copenhague em 1995. Conferências que, sob os auspícios das Nações Unidas, discutem o futuro da sociedade nesse final de milênio. Como vice-chefe da delegação brasileira, presidida pela Dra. Ruth Cardoso, segue para Beijing, em 1995, para a Conferência sobre a Mulher, sob o patrocínio ainda das Nações Unidas. Membro do Conselho Assessor do BID para as áreas de mulher e desenvolvimento, funda, no ano de 1997, o primeiro Centro de Liderança da Mulher no Brasil, que congrega em seu conselho nomes de prestígio nacional e internacional, como o da ex-primeira ministra de Portugal, a embaixadora Maria de Lourdes Pintassilgo.

Em 1995, indicada pelo presidente Fernando Henrique Cardoso, passa a presidir o Conselho Nacional dos Direitos da Mulher. À frente desse órgão governamental, vinculado ao Ministério da Justiça, Rosiska Darcy tem sido incansável e operosa na defesa de questões essenciais ao cotidiano feminino.

Publica artigos, viaja pelo país dando conferências, intensifica sua presença nos meios de comunicação. Torna-se, para a sociedade, uma interlocutora idônea, acatada, de raro brilho intelectual.

O PRESUMÍVEL CORAÇÃO DA AMÉRICA

Prezados Amigos,

Como acomodar essa escritora polissêmica, senhora de texto singular e refinado, de inteligência tão admirada, a auscultar o mundo, ao escasso tempo de que dispomos? Esforcei-me, em vão, por esboçar-lhe um retrato capaz de reverenciar, ao mesmo tempo, a intelectual e o ser humano, ambos admiráveis.

Cabe, então, à voz coletiva, de reminiscência grega, aqui tão bem representada, sobrepor-se ao meu timbre e expressar, por si só, a Rosiska Darcy de Oliveira o nosso orgulho por tê-la agora no Pen Clube. Sua biografia é notável, e o Brasil muito lhe deve. Assim como nós, amigos e admiradores.

Pronunciamento feito em novembro de 2000, na Cidade do México por motivo do I Encontro do Fórum Ibero-americano, organizado por Carlos Fuentes e Ricardo Esteves, com a presença do presidente eleito do México, Vicente Fox.

O mapa da arte ibero-americana

A matéria da arte é fugidia. Ressuscita mortos e enterra vivos com igual equanimidade. É feita de assombros com os quais nos anima e emociona. Indiferente às crises que assolam as civilizações, não estabelece acordo prévio com o futuro. É de sua vocação nutrir-se de todas espécies de passado com os quais fomos contemplados. Parece cimentar sua perenidade no ânimo que tem de semear ilusões e discórdias ao mesmo tempo.

Com essa reflexão, miro o mapa latino-americano, que se destaca vasto e diferenciado no horizonte. Cada pedaço desse continente, que corresponde a um país, tem apetite voraz pela arte. Demonstra, ao longo da história coletiva das nações e da história privada dos indivíduos, especial atração pela perplexidade, pela magnitude do real, pelo redimensionamento da imaginação. Tudo nessa arte é excedente no seu afã narrativo.

Comovo-me com essa América Latina quando lhe consulto os enredos salpicados de tristeza, de generosidade, de exuberância. Quando bato à porta dos seus tesouros, que nos foram confiados. Ainda assim, temo pelos seus dias, sob a custódia de ameaças tangíveis e invisíveis, ainda por vir. Anseio por sua redenção, que pode ocorrer graças a um conjunto de circunstâncias que dependem muito mais de nós mesmos do que das decisões internacionais.

Onde quer que eu esteja, chegam-me ecos narrativos do passado e das vozes contemporâneas que, em poderoso enlace, atualizam a realidade. Um mundo coral que insiste em dizer quem somos, o que não estamos podendo ser, o que merecemos ser. E, conquanto essas vozes, no legítimo exercício de sua anatomia literária, discordem entre si, os ruídos e os matizes estéticos que elas provocam explicam esse universo ibero-americano.

Temos sido um continente voltado para a tarefa explanatória. Desde os primórdios de nossa história, os escritores dessa América empenharam-se obsessivamente em descrever essas terras. Inicialmente para si mesmos, de modo a criar um legado anímico e, talvez na maioria das vezes, para um interlocutor invisível fora da narrativa, à espreita, a observar-nos na expectativa de desvendar-nos.

Esse escritor latino-americano, herdeiro do mundo ibérico e de outros povos que o forjaram, encarregou-se por isso mesmo de guardar em seu texto fórmulas de preservação. Passou desde então a dar a palavra ao pensamento, fez falar o cotidiano do coração. Uma providência criadora que lhe permitiu, entre outras iniciativas, rastrear o mistério da gênese continental, apalpar a substância arqueológica de sua imaginação. Sobretudo empreender a interminável viagem narrativa que aborda, com fôlego de epopeia, a fatalidade e a epifania da própria condição latino-americana.

Esse esforço coletivo de desvendar a natureza da nossa psique serviu certamente para reforçar a capacidade de inventar dessa literatura. Para consagrar os andaimes fundacionais de uma literatura que, com frequência, entrelaça mitos arcaicos e contemporâneos, o que lhe permitiu a adoção de uma estética que ainda hoje se traduz em ações que se projetam como modelo para o porvir.

Diante, contudo, de um procedimento futuro, de como se comportará a criação literária sob a pressão dos caprichos da modernidade, ou das imposições tecnológicas, tudo nos dá motivos para acreditar que as normas da arte, nessas terras, obedeceram para sempre a um projeto revolucionário, insubordinado, elástico, e que, a despeito da indiferença das elites dominantes e das fórmulas coercivas das sucessivas ditaduras, soube moldar formas de sobrevivência.

A tarefa de escrever continua a mesma. É seguir criando uma estética que desenvolva o discurso do bem e do mal. Uma estética insidiosa e inconformista, capaz de prevaricar na escrita, de submergir sem medo na mentira e na dissimulação da verdade, de ultrapassar as fronteiras do puramente mimético. Sem renunciar para tanto aos mitos dos quais provém, nem abdicar da capacidade de engendrar outros mitos, de trazê-los à mesa, para que comam em nossa companhia, fecundem o baú inesgotável da América, façam parte, enfim, da nossa consciência artística e cívica.

É natural que assim seja. Afinal, os mitos viajam, fundem-se com as invenções em cuja defesa ora nos lançamos. E não há que temer os mitos que imigram, chegando-nos de todas as partes, com o intuito de realçar a nossa própria grandeza.

Prezo em recordar uma experiência emblemática para esses tempos e que poderia personificar nossos temores contemporâneos, ao mesmo tempo que alerta-nos para os desafios que se avizinham.

Antes da chegada dos espanhóis, os incas, cientes da infalibilidade humana, de o esquecimento ser tão letal quanto as armas inimigas e de não poderem prescindir da memória ativa que a qualquer momento cobrisse suas necessidades, decidiram criar uma categoria social, os amautas, encarregados de relembrar as cronologias e os feitos do referido império.

Esse esforço de valorizar a memória, de fazê-la guardiã e arauto da história, vinculando-a à capacidade de um povo perdurar, deveria tornar-se assunto de segurança nacional, sobretudo para os que pressentem o esmaecimento cultural do continente em face de avanços tecnológicos que inibem e desconsideram o acervo que provém de países que não transitam por sua esfera de prestígio econômico ou político.

Não quero com isso afirmar que os conteúdos culturais, estéticos, do mundo ibero-americano, ora aqui tratado, possam simplesmente desaparecer em face da prepotência informativa que emana do uso abusivo e indiscriminado da tecnologia. Mas, certamente, muitos desses conteúdos poderão sucumbir diante das galas ostensivas de outras culturas que emanam do poder globalizado. Bem poderão ceder passagem a uma cultura que, revestida de poder encantatório e histriônico, de alta visibilidade, tem como

O PRESUMÍVEL CORAÇÃO DA AMÉRICA

destino atacar as funções sensíveis e reprodutoras das artes de países fora do circuito tecnológico.

Qualquer cultura, proveniente de países de reduzida autoestima política e social, é presa fácil das culturas de exportação, constituídas de falsa, faustosa e assimilável modernidade. E que se apresentam, diante do usuário da cultura periférica, com estrondoso aparato percuciente, impondo-lhe, como consequência, o sentimento da obsolescência e do anacronismo.

A substância da arte, portanto, que não é preservada pela sociedade de forma também institucional, pode ser atacada pelo vírus do descrédito, da humilhação cultural. Nos regimes em que a cidadania apresenta-se debilitada, envergonhada, como ocorre nos países latino-americanos, o acervo artístico e literário corre o risco de ingressar um dia no rol daquelas lendas e daquelas fantasias que terminam como memórias desacreditadas.

Nosso dever ético, pois, é resistir. Impedir o esvaziamento de preciosas formas e manifestações culturais. Sustar, a que preço seja, o avanço dessa espécie de barbárie. Sobretudo, obstruir esse eventual caos civilizatório.

Este livro foi composto na tipologia ITC Caslon 224 Std, em corpo 11/16, e impresso em papel off-white 80g/m^2 no Sistema Cameron da Divisão Gráfica da Distribuidora Record.